如何促进婴幼儿大脑发育

［美］多丽丝·伯根（Doris Bergen）
［美］莉娜·李（Lena Lee）
［美］辛西娅·迪卡洛（Cynthia DiCarlo）
［美］盖尔·伯内特（Gail Burnett）
著

［美］桑德拉·杰·斯通（Sandra J. Stone）
作序

谢俊朋　安明霞
译

杨长江
审校

华东师范大学出版社
·上海·

图书在版编目(CIP)数据

如何促进婴幼儿大脑发育/(美)多丽丝·伯根等著;谢俊朋,安明霞译. —上海:华东师范大学出版社,2022
ISBN 978-7-5760-2964-2

Ⅰ.①如… Ⅱ.①多…②谢…③安… Ⅲ.①婴幼儿-智力开发 Ⅳ.①G610

中国版本图书馆CIP数据核字(2022)第125657号

Enhancing Brain Development in Infants and Young Children: Strategies for Caregivers and Educators
by Doris Bergen, Lena Lee, Cynthia DiCarlo, Gail Burnett, Sandra J. Stone (Foreword)
Copyright © 2020 Teachers College Press
First published by Teachers College Press, Teachers College, Columbia University, New York, USA.
Simplified Chinese translation copyright © 2022 East China Normal University Press Ltd.
All rights reserved.

上海市版权局著作权合同登记 图字:09-2021-0761号

如何促进婴幼儿大脑发育

著　　者　多丽丝·伯根等
译　　者　谢俊朋　安明霞
审　　校　杨长江
责任编辑　张艺捷
责任校对　郭　琳　时东明
装帧设计　刘怡霖

出版发行　华东师范大学出版社
社　　址　上海市中山北路3663号 邮编 200062
网　　址　www.ecnupress.com.cn
电　　话　021-60821666 行政传真 021-62572105
客服电话　021-62865537 门市(邮购)电话 021-62869887
地　　址　上海市中山北路3663号华东师范大学校内先锋路口
网　　店　http://hdsdcbs.tmall.com

印　刷　者　上海商务联西印刷有限公司
开　　本　787毫米×1092毫米　1/16
印　　张　12.25
字　　数　132千字
版　　次　2022年10月第1版
印　　次　2022年10月第1次
书　　号　ISBN 978-7-5760-2964-2
定　　价　39.00元

出版人　王　焰

(如发现本版图书有印订质量问题,请寄回本社客服中心调换或电话021-62865537联系)

序

教育是人类最广泛、最重要的实践活动。近年来,随着我国经济文化飞速发展,人民群众基本素质逐渐提高,教育也越来越受到重视。然而,这把双刃剑的另一面是,部分家长过分追求儿童学业的成功,以"不能输在起跑线上"为口号,过早、过多地给儿童灌输识字、计算之类的"硬教育",而忽略了有利于儿童想象力、创造力、好奇心发展,促进儿童心理健康、情绪管理、社交能力等方面成长的"软教育"。

近几十年来,随着大脑与认知科学的发展,我们对大脑有了更加深刻的认识。进入21世纪后,研究者对大脑发育、学习和大脑功能的神经机制开展了广泛的研究。大脑研究对于教养儿童的重要性也日益得到人们的认可,"神经教育学"应运而生。该学科关注儿童的语言、推理、思维、阅读、数学与科学等多种技能与知识的学习和认知机制。大脑的发育与功能不仅需要基因的作用,也是儿童与环境积极互动的产物,即大脑具有可塑性。年龄越小,大脑的可塑性就越强。在与儿童交往并为他们创设养育和学习环境的过程中,父母和教师的行为对儿童的神经发展能产生积极的影响,这为我们的早期教养提供了科学依据。

目前,学界关于"教育神经科学"或者"神经教育科学"的著作已非常普遍。但是,该类书籍大多聚焦于理论研究,且专业性较强。我们的一线教师和家长,虽然能在一定程度上理解其表达的内容,但是在具体的养育实践中却仍然很迷茫。

  《如何促进婴幼儿大脑发育》这本书恰好解决了这一问题。该书以儿童为中心，用简单易懂的语言，深入浅出地讲述了儿童大脑早期各个发育阶段的特征及其影响因素，并结合具体的案例，引导读者为儿童大脑的发育创造适宜的环境，促进儿童各领域的健康发展。这能够让教师和父母更好地理解自己在儿童成长过程中所扮演的重要角色。

杨长江
2022.7.12

目 录

前言	1
引言	1
目的	4
概述	4
致谢	5

第一章　大脑构建过程　　　　　　　　　　　1

一、胎儿的大脑发育	1
二、婴儿的大脑发育（0—1岁）	5
三、幼儿的大脑发育（1—3岁）	9
四、学前儿童的大脑发育（3—5岁）	12
五、幼儿园大班/小学低年级儿童的大脑发育（5—8岁）	16
六、有特殊需求儿童的大脑发育过程	19
七、促进大脑发育：家庭和幼儿专业人士的作用	22
八、总结	23
九、讨论问题	23
十、进一步阅读的建议	24

第二章　在婴儿课程中促进大脑发育　　26

一、敏（Min）　　26
二、丹尼尔（Daniel）　　27
三、洛拉（Lola）　　27
四、婴儿大脑发育回顾　　28
五、促进婴儿的大脑发育　　29
六、课程活动案例　　31
七、婴儿一日活动计划　　42
八、帮助父母提供促进大脑发育的环境　　43
九、促进敏、丹尼尔和洛拉的大脑发育　　45
十、讨论问题　　47
十一、进一步阅读的建议　　48

第三章　在幼儿课程中促进大脑发育　　50

一、汤米(Tommy)　　50
二、米格尔(Miguel)　　51
三、西蒙(Simeon)　　51
四、幼儿大脑发育回顾　　52
五、促进幼儿的大脑发育　　53
六、课程活动案例(可适用于学前儿童)　　55
七、计划幼儿一日活动　　67
八、促进汤米、米格尔和西蒙的大脑发育　　69
九、讨论问题　　71
十、进一步阅读的建议　　72

第四章　在学前课程中促进大脑发育　　73

一、杰西(Jesús)　　73

二、鲁比(Ruby)　　73

三、比利(Billy)　　74

四、学前儿童的大脑发育回顾　　75

五、学前教育阶段的课程重点　　76

六、课程活动案例(可适用于幼儿园大班或小学低年级儿童)　　78

七、规划学前儿童的一天　　93

八、促进杰西、鲁比和比利大脑发育　　94

九、讨论问题　　96

十、进一步阅读的建议　　97

第五章　在幼儿园大班及小学低年级课程中促进大脑发育　　99

一、艾登(Eden)　　99
二、玛格丽特(Maigret)　　100
三、英(Ying)　　101
四、幼儿园大班/小学低年级儿童的大脑发育回顾　　101
五、幼儿园大班/小学低年级阶段的课程重点　　103
六、课程活动案例(可适用于学前儿童)　　106
七、规划幼儿园大班/小学低年级儿童的一日活动　　119
八、促进艾登、玛格丽特和英的大脑发育　　121
九、讨论问题　　123
十、进一步阅读的建议　　124

第六章　用科技设备促进大脑发育　　　　　　　　126

一、南希（Nancy）　　　　　　　　　　　　　　　126
二、杰森（Jason）和埃德温（Edwin）　　　　　　　127
三、德里克（Derick）　　　　　　　　　　　　　　129
四、儿童科技增强设备的类型　　　　　　　　　　130
五、科技增强活动对大脑发育的潜在影响的综述　　131
六、科技增强活动的课程重点　　　　　　　　　　134
七、儿童课程活动案例（其他年龄阶段可根据实际进行修改）　135
八、规划科技增强环境　　　　　　　　　　　　　141
九、为南希、杰森和埃德温以及德里克采用科技增强技术　142
十、讨论问题　　　　　　　　　　　　　　　　　144
十一、进一步阅读的建议　　　　　　　　　　　　145

第七章　与儿童大脑发育有关的当下和未来问题　147

　　一、影响大脑健康发育的新问题　147

　　二、在这个不确定年代里的韧性　154

　　三、幼教专业人员在支持儿童大脑发育中的作用　155

　　四、讨论问题　155

　　五、进一步阅读的建议　156

参考文献　158
关于作者　173

前 言

在当前对"教育"孩子的追求中,我们常常无意中忽视或轻视了孩子现在以及未来茁壮成长所需要的重要的东西。例如,过于追求"学业成功"可能会转移我们的注意力,使我们忽视能促进幼儿大脑健康发育的重要因素,而这些因素对于促进他们茁壮成长至关重要。

最近,我和一位母亲进行了交谈,她更关心她 4 岁孩子记忆和描摹字母的能力,而不是孩子的游戏兴趣。当然,这位充满爱心的母亲希望她的孩子能得到最好的,但是落到行动上,则变成了让孩子练习字母,来为在学校取得成功做好准备。

然而,她并不了解玩耍对孩子大脑发育的重要性。这位母亲不知道玩耍可以培养孩子大脑更重要的技能,比如基本的象征和思考能力,而这些是仅靠描摹字母无法获得的。她不知道玩耍和体验会让孩子发展必要的能动作用(dynamic functions)和神经网络,以支持未来的学业。她根本不知道一个孩子的大脑是如何运作和成长的,她也不知道该如何支持这项重要的发展。

这个例子说明了重视婴幼儿大脑发育,对今天的教育工作者、幼儿照顾者和父母来说是多么重要。尽管在幼儿的生命中,成年人应该为儿童的全面成长提供呵护以及丰富、安全和有吸引力的环境,但受到社会的影响,成年人往往更注重为儿童在学校的成功做好准备,却不注重促进儿童以最优、最健康的方式发展。然而,狭隘的、一刀切的课程观以及遵从性高于独创性、结果重于过程的期望,往往会导致对孩子天生的好奇心、想象力、创造力、激情和巨大的、多样化的、潜能的忽视——当然,还有他们整体大脑的发展。

作者们巧妙地利用多年来在理解儿童及其发展方面的经验,鼓励读者将儿童视为发展中的人。他们坚定地致力于儿童的福祉,拥抱每一个儿童的本性和完整性。他们认为学习是无限的,孩子们不是只会适应的机器人,或只会模仿的鹦鹉。作者们认为孩子的优势在于思考,而非模仿。

作者们理解思考是如何展开的,并为幼儿的健康和大脑最优发育提供了优秀的向导指南。他们为理解幼儿大脑的发育打开了一扇门,为幼儿照顾者、教育工作者和父母促进大脑发育提供了丰富、实用的指导。对于关心儿童大脑发育的家长来说,这本书为他们提供了为孩子营造适当的游戏和体验的知识与指导,会让家长在支持孩子的大脑发育方面更有信心。

近年来,人们对大脑发育的好奇引发了对儿童发育方式的许多重大研究。大脑研究就像一趟探索未知世界的旅程;它是迷人的、耐人寻味的、令人兴奋的。尽管这段旅程很有趣,但对作者们来说,使命才是最重要的:我们的使命是了解这些信息将如何影响幼儿的生活;作为成年人,我们如何利用这些信息来帮助和指导孩子。作者们巧妙地融合研究和实践,为成年人完成这一使命提供了重要的指导,将大脑发育融入儿童的个人经验之中。

为了实现这些目标,首先,作者们鼓励准父母和父母了解产前大脑发育和幼儿发育里程碑。其次,通过提供研究案例,值得思考的问题,具体的、现实生活中的例子和详细、具体的想法,鼓励幼儿照顾者和教育工作者让孩子接触音乐、艺术、科学、社会研究,掌握社交技能和适当的科学技术,为他们了解儿童从婴儿期早期到8岁的各种发展领域提供机会。这些观点肯定不是一刀切的方法,而是为每个孩子独特的、正在发育的大脑而设计的。

这些观点赋予了儿童权利,让他们感受到作为积极有效的学习者和行动者的胜任力。这本书指导成年人如何支持孩子根据自己的兴趣选择玩具、材料和经验,使他们成为独立、自信的人。

作者们不仅强调大脑的发展,而且还强调发展中的儿童在认知、社交、身体以及语言和道德方面的整体发展。他们通过对个体差异的理解,阐述了幼儿大脑发展的特定趋势。因此,随着每个孩子独特的发展时间表的展开,成年人可以促进每个孩子独特的大脑发展。本书提出的建议也适用于有特殊需要的儿童。

总之,作者们对儿童及其发展的尊重,以及对成年人充满智慧的指导,给我留下了深刻的印象。例如,他们建议成年人不要只关注儿童的日常护理,还要注重为我们独特的孩子提供一个有教育意义的、有吸引力的、有趣的环境,以发展丰富的神经元连接的关键作用,并要防范对大脑发育有害的经历。同样,作者对敬业的幼儿照顾者、教育工作者和为我们的孩子提供良好环境的父母的尊重堪称典范。这本书将成为倡导早期儿童发展的工作者的案头书。

《如何促进婴幼儿大脑发育》因其对幼儿领域重要和鼓舞人心的贡献脱颖而出：是准父母、父母、幼儿照顾者和教育工作者的必读书籍。这本书阐述了重要的内容——大脑发育的明显属性——但更重要的是引导读者为幼儿创造环境和经验，有效地强化他们发展中的大脑，支持儿童茁壮成长、长大成人。

我们的儿童，作为人类的一员，应该得到我们能为他们提供的最好的东西。人道要求我们为儿童现在和未来的福祉尽最大努力。

桑德拉·杰·斯通
北亚利桑那大学荣休教授

引 言

《如何促进婴幼儿大脑发育》一书的作者来自多个学科(幼儿教育、早期干预、音乐教育和教育心理学)和哲学流派(皮亚杰、布鲁纳、斯金纳、蒙台梭利、瑞吉欧·埃米利亚、存在主义和后现代主义),为读者带来了独特的视角和体验。

多丽丝·伯根(Doris Bergen)。多年前,当我在幼儿园教书时,让·皮亚杰(Jean Piaget)对幼儿思维过程的研究在美国被广泛讨论,我和其他许多幼儿教师因此都更加了解幼儿如何理解他们自己的经历。他的工作帮助我们观察与我们一起工作的儿童的认知过程,并有意识地研究儿童的思维与成人的不同之处。许多幼儿教师开始意识到他们的工作对于促进大脑发育是多么重要。

后来,作为一名大学幼儿教育课程的教师,我受到另一组研究人员和作者的影响,他们写了人类大脑在出生前和生命的前7年的具体发展方式,以及贫困、制度化和攻击性的环境,在大脑发育的重要时期可能是有害的。根据我自己的观察,我注意到幼儿的经历会迅速反映在他们的行为中,我也同时意识到积极和丰富的经历对于他们的大脑发育,以及他们的认知、社交、情感、身体、语言和道德发展是多么重要。因此,我相信我们有充分的理由帮助父母和幼儿教育工作者为幼儿提供良好的"大脑发育"环境。

莉娜·李(Lena Lee)。作为一名幼儿教师教育者、研究员、曾经的幼儿教师以及母亲,我一直对大脑发育很感兴趣。人脑的工作原理让我着迷,我经常在教学生的时候、教育自己的孩子的时候,甚至激励自己的时候,运用我所知道的关于大脑发育的知识。最近,我目睹了美国儿童遭受精神疾病和情绪不稳定的折磨,这种情况比以往任何时候都严重,而且数量越来越多。此外,学生们还来自不同的社会经济和文化背景。因此,我一直在寻找方法,通过在幼儿课堂上实施各种策略,有效地支持这些儿童。

众所周知,儿童的前5年对大脑发育至关重要。然而,我注意到,知道如何处理这些信息的专业人士、家长和决策者并不多。对于幼儿教育者和家长来说,了解幼儿的大脑是如何发展的、它们随环境因素的变化是积极的还是消极的,以及我们如何以有益于大脑的方式来增加幼儿有意义的体验,这些是很重要的。这些知识可以为每个孩子提供机会,让他们以更好、更公正的方式学习。这本书是为那些与幼儿互动和教育幼儿的人而写的,他们不仅想更多地了解幼儿的大脑发育,而且想知道如何采取"大脑友好"的教育方法。

辛西娅·迪卡洛(Cynthia DiCarlo)。我在这一领域的职业生涯是从作为公立学校系统的早期干预者开始的,我当时在一个由各种残疾儿童组成的独立教室里工作。

虽然我的工作是研究基于发展适宜性实践,但我在实践中纳入了行为主义范式,以帮助有特殊需要的幼儿学习基本技能。在过渡到一个从出生到3岁的包容性项目时,我还在幼儿课堂中实施了一种更为嵌入式的行为干预方式。

我的工作受到班杜拉的社会学习理论和维果茨基的社会文化理论的影响,包括人际关系在学习中的作用。大脑研究表明,压力会对学习、注意力和解决问题产生负面影响。为了让儿童获得最佳的学习效果,他们需要与关心、支持的成年人建立牢固的关系。在一线班级教学许多年之后,我转入了大学,我的研究重点是可以改善幼儿发展结果的早期干预,以及对所推荐的早期儿童实践进行说明和创新。我的课堂教学经历对我的大学教学产生了很大的影响,因为我对理论及其在课堂上的实施始终保持着实践倾向。

盖尔·伯内特(Gail Burnett)。我是一名终身音乐家,最初我通过与"一起音乐"(music together)项目的合作,了解到了音乐和大脑发育之间的重要联系,也正是因为这样,我在"一起音乐"中心担任了15年的教学和指导工作。"一起音乐"的肯尼思·吉尔马丁和莉莉·莱维诺维茨在儿童早期音乐研究领域的工作和研究重点是儿童在音乐上如何发展。这一观点对我的教学、歌曲创作和教师培训课程都有帮助。

这一点,加上我与儿童一起工作和为儿童表演的"现实生活"经验,为我在0—6岁儿童的音乐和运动领域拓展工作奠定了基础,使我能够编写和融合适合发展、增强大脑的音乐,包含有特殊需要的儿童在内。我也热衷于创造,以及培训教师如何在课堂上融入音乐,为孩子们,特别是那些在家庭中可能没有安全的感情氛围的孩子,营造一个情感安全、有凝聚力的环境。

目 的

我们设计这本书是为了向早期儿童照顾者和教育者，清楚地解释目前已知的关于产前和早期儿童大脑发育的知识，帮助他们意识到儿童保育和教学实践在促进大脑良好发育方面的重要作用，并为他们在这些关键的发展时期进行强化大脑的课程实践提供实用建议。

人类一生所需的大部分能力都与早期大脑发育有关。因此，这些早期大脑扩展过程的力量和活力将影响儿童余生的行为。早期养育者和教育者已经提供了许多"大脑优化"的经验，但他们可能不知道他们的实践如何与儿童大脑发育相关，也不知道如何向父母解释这些发育过程。这本书的目的是让他们意识到这些关系，并帮助他们与父母谈论这些问题。

概 述

第一章给出了胎儿、婴儿、幼儿、学前儿童和幼儿园大班/小学低年级儿童大脑发育的基本信息，它还包括定义和图表，为读者提供了有关大脑及其过程的基本背景信息。每个年龄段都有案例，包括可能损害产前胎儿大脑发育的做法。

接下来的四章将第一章介绍的知识分别与能够对大脑发育产生积极影响的幼儿教学实践联系起来。每章都回顾了一个年龄阶段的大脑发育细节：婴儿(第二章)、幼儿(第三章)、学前儿童(第四章)和幼儿园大班/小学低年级儿童(第五章)。这些章节还描述了实际的教育策略和课程理念与特定年龄段的大脑发育的相关性，包括音乐和艺术表达、积极的身体游戏、语言、数学、科学和社会情感行为。每一章还包括强化有特殊需要的儿童的大脑发育的做法，为引导该年龄段儿童的父母了解大脑发育提供了建议和方法。

最后两章讨论了教育工作者必须理解的技术和更广泛的社会影响的作用。第六章为幼儿教师提供了与各种科技设备使用有关的实用策略和课程理念，并解释了这些与重点年龄段儿童大脑发育的关系，还包括了对教师和家长教育的建议。第七章讨论了可能影响幼儿大脑发育的其他当代问题，包括潜在的积极和消极因素。本章还指出了可能影响幼儿大脑发育的长期社会问题，并鼓励早期儿童教育者去倡导改善社会实践，以促进所有幼儿的大脑发育。

致　谢

感谢多年来与我们一起工作的许多儿童、家长、学生和老师，是他们提供了丰富的经验，才构成了本书的内容。我们欢迎大家分享我们的知识和课程理念，希望读者在促进孩子们的大脑健康发育和进行有意义的教育时能从中受益。

第一章　大脑构建过程

在过去的 20 年中,研究人员对出生前和生命最初几年的大脑发育有了更多的了解。他们强调产前环境和幼儿早期经历(从出生到 8 岁)在支持最优大脑发育方面的重要性。尽管一些大脑发育贯穿一生,但生命初期是"大脑构建"最频繁的时期。

教育工作者逐渐意识到他们在影响儿童大脑发育方面的特殊机遇,他们会通过促进活动来增加幼儿大脑通路的丰富性、重要神经系统连接的密度以及其大脑模式的复杂性。教师需要与家长分享这些信息,以帮助他们为儿童提供早期经验,以促进儿童在这些重要的年龄阶段的大脑发育。本章概述了早期大脑发育的过程,并解释了家庭成员和幼儿专业人员在促进儿童良好大脑发育方面的作用。

一、胎儿的大脑发育

苏茜(Susie)的怀孕和护理

尽管 17 岁的苏茜怀疑自己怀孕了,但她还是尽量不去理会这种可能性,因为她真的不想要孩子。当她终于意识到她不能假装怀孕没有发生时,她让她最好的朋友朱迪和她一起去了附近的一家诊所。检查后,医生告诉苏茜胎儿已经四个月大了。当医生告诉她喝酒和服用其他各种药物会对婴儿的发育有害时,她同意尝试改变自己的生活方式。然而,苏茜发现这很难做到,因为这是她的朋友们真正喜欢的生活方式[包括可能是孩子父亲的布拉德(Brad)]。诊所的工作人员鼓励她加入一个由年轻孕妇组成的"母亲"小组,结交一些新朋友。苏茜不和父母住在一起,所以她决定等一等再告诉他们怀孕的事。她还没决定要不要告诉布拉德。

许多人,包括许多孕妇,没有意识到出生前9个月对婴儿大脑发育的重要性。然而,胎儿期是大脑的基本成分形成的时期。超过一半的人类基因将参与大脑发育,在怀孕期间,这些基因活跃地构建基本的大脑结构,以及创建神经元网络的初始部分,并将在出生后大大扩展(Siegel,2015)。婴儿的大脑发育始于神经管的一端,这是发育成婴儿的最初胎儿形态。组成大脑的神经元很早就开始发育,在胎儿形成的12—20周(大约前3—5个月),一个人一生中所需的所有神经元几乎都已产生(Corn和Bishop,2010)。也是在这段时间,大脑的基本部分形成。

最早发育的大脑区域支持基本的运动和感觉活动,以及平衡、视觉、听觉、味觉、触觉和疼痛敏感性等能力。当胎儿3—5个月大时(妊娠中期),大脑皮层高级中枢开始形成(Bielas, Higginbotham, Koizumi, Tanaka和Gleeson,2004)。在这个过程中,神经元沿着由胶质细胞构成的"皮层阶梯""旅行",逐渐形成大脑皮层区域。从大约25—30周,是听觉系统发育的最关键时期,与视觉系统相比,胎儿的听觉系统需要听觉刺激来发育(Graven 和 Browne,2008)。

在大脑皮层中,人脑左侧的语言区域变大,胎儿的大脑甚至开始对不同类型的语言声音做出反应。研究表明,在产前接触音乐的婴儿从怀孕 19 周开始就能听到音乐,并对音乐做出反应(Hepper 和 Shahidullah,1994)。在产前最后几个月里发育的其他重要区域是大脑的记忆区域,以及涉及高级思维过程的其他部分。表 1.1 描述了主要的大脑区域和与之相关的过程。

因为产前的大脑建设活动是如此重要,并将对人的终身发展产生持久的影响,所以每个孕妇都应该努力在怀孕期间照顾好自己。她应该避免摄入尼古丁、酒精和阿片类药物等物质,因为这些物质会损害胎儿的大脑发育过程。此外,孕妇应该接受良好的营养护理,因为胎儿的大脑需要优质的营养。严重的营养不良会对胎儿的大脑发育造成永久性的伤害。孕妇应事先接种常见病疫苗。麻疹等疾病,以及其他不太常见的疾病(如寨卡病毒引起的疾病),都会对胎儿的大脑构建过程产生负面影响(Adibi,Marques,Cartus 和 Beigi,2016;Chua,Prat,Nuebling,Wood 和 Moussy,2017)。

表 1.1 大脑区域及相关过程

杏仁核:大脑内部(颞叶)参与情绪体验的部分
基底神经节:参与控制运动的大脑结构
小脑:后脑的一部分,参与运动协调、学习和记忆
大脑:圆形的外部大脑结构,分为两个半球
皮层:大脑的外层

续表

皮层迁移：神经元从大脑下部区域迁移形成皮质产前过程
前脑：包括大脑半球、丘脑和下丘脑的部分
额叶：前额后面的部分，与行为、学习、个性和自主运动有关
神经胶质细胞：中枢神经系统中最丰富的细胞类型，它围绕着神经元，支持并隔离它们
后脑：脑干的下部，包括小脑、脑桥和延髓
边缘系统：大脑中涉及基本情感（恐惧、快乐、愤怒）和驱动力（饥饿、性、支配性、对后代的照顾）的网络
运动皮层：发起和控制自发性肌肉活动的部分皮层
髓鞘化：在神经系统的轴突上形成绝缘鞘的过程
神经元：神经系统的基本单位，包括细胞体、树突和轴突，负责处理和传递信息
顶叶：位于头顶的大脑区域，与感觉信息有关
剪枝：控制消除突触的过程
颞叶：大脑中语言和语言区域的两侧
视觉皮层：大脑皮层的枕叶部分，负责处理视觉信息

如果怀孕期间出现以下情况：疾病、胎儿接触药物或酒精以及营养不良，则大脑皮层结构和其他部分可能无法正确构建（见 Agrawal 等，2010；Honein 等，2001）。所有这些负面问题都可能导致大脑构建问题。从事孕妇工作的教育工作者要让孕妇意识到，在怀孕期间给予自己照顾是非常重要的，这对促进婴儿的大脑发育和健康非常关键。

如果在怀孕期间一切顺利，出生时婴儿的大脑中将有大约 1 000 亿个神经元（Bergen 和 Woodin，2017），这些是人一生都会用到的神经元。然而，这些神经元中的许多还没有在通信网络中连接起来，因此它们还不是复杂信息的良好沟通者。从婴儿到学龄前，大脑的主要任务之一就是构建运行良好的大脑沟通网络。因此，幼儿丰富的经验决定了他们的

大脑将如何扩展这些沟通网络,并使他们能够在一生中作为一个思考者和实干者发挥作用。由于大脑大部分沟通网络的构建发生在幼儿期,早期照顾者和教育者的角色是至关重要的。这些人能够在孩子的生活中帮助他们构建卓越的大脑。

二、婴儿的大脑发育(0—1岁)

诺亚(Noah)一家和他们的早产儿德鲁(Drew)

虽然拉拉(Lala)在怀孕期间非常认真地遵守所有的饮食和其他护理建议,但她在第7个月就开始出现了宫缩。医生建议她暂停工作,卧床休息,以免婴儿过早出生。拉拉听从了医生的建议,但即便如此,婴儿德鲁还是早产了5周。出生时,他体重不足4磅,四肢发紫,呼吸困难。德鲁被诊断为呼吸窘迫综合征(RDS),并被放置在恒温箱中接受补充氧气治疗。拉拉每天有一部分时间待在医院里,她的伴侣李(Lee)每天晚上都会去看望她,但他们一直担心,直到最后婴儿的体重达标(5½磅)足以出院。因为德鲁太小了,刚开始他的生活很不稳定,他的父母都很紧张和焦虑,尤其是当他似乎对于护理感觉不好,睡眠模式也不稳定的时候。然而,现在德鲁已经2个月大了,他们也开始放松,享受他们的宝宝,因为照顾他更容易了。

一般 9 个月出生的婴儿已经具备了许多能力，因为大脑中对生命至关重要的神经元交流区域（如呼吸、吮吸、哭泣和温度调节）已经基本开始发挥作用。此外，控制反射性行为（如觅食反射、吮吸、踏步反射、抓握和惊吓）的大脑皮层感觉运动区已经处于活跃状态。年幼的婴儿会表现出身体反应，比如咕咕叫、挥手或跺脚，或者把眼睛转向音乐和其他声音（Hepper 和 Shahidullah，1994）。由于他们在产前的声音经验，新生儿会对他们文化的语言和音乐更敏感。早产儿有时在基本的生存活动上有困难，因为他们的大脑发育不充分，他们通常需要特别照顾，直到这些大脑区域变得更加成熟。早产儿的发育模式最初会滞后，但通常在 2 岁时会达到普遍的生长指标。

最近的一项研究发现，照顾者的支持和关爱触摸有助于早产儿的感觉运动脑发育（Maitre 等，2017）。到 2—3 个月时，足月婴儿在顶叶、颞叶和初级视觉皮层区域的神经元连接进一步发育，并促进婴儿的感觉发育。神经元体积增大，连接成更多的树突状网络，由于覆盖网络的胶质细胞的髓鞘化（即保护性覆盖），这些神经连接间也开始更快地交流信息。基底神经节和大脑小脑半球也开始成熟。脑切片和功能的定义见表 1.1。

照顾婴儿的人通常会注意到，婴儿在 3—4 个月左右会获得很多技能，这是由于这段时间大脑发育迅速。根据肖尔（2001）的研究，婴儿大脑的右半球，与边缘区和自主脑区有很深的联系，在婴儿时期有更大的发展，而这一半球的活动支持婴儿与照顾者发展依恋关系。婴儿对音乐和其他声音的反应也变得更加精确和持久。在这一年中,婴儿的营养是非常重要的,因为它提供的是婴儿大脑发育所需的能量。

在大约6个月大的时候,婴儿的高级大脑中心(即皮层区域)获得了更多的连接,到8个月大的时候,养育者会注意到婴儿开始理解更多的东西,因为他们的额叶活动增加了。大约9个月大的时候,婴儿就有了足够的运动控制能力,可以抓取、操纵、说话、故意放下和寻找物体。他们的游戏包括与熟悉的看护者互动,玩"躲猫猫"和其他婴儿游戏。他们开始理解母语中的一些单词,并表达有意义的声音,到1岁时,他们显示出对母语声音的理解。婴儿在很小的时候就能表达情感,因为杏仁核是边缘系统或"老年大脑"的一部分,在出生时就已经很好地形成了。但他们只有在大约1岁的时候,边缘皮层开始成熟时,才开始能够理解和识别自己的情感。

婴儿对照顾者的依恋,通常在第一年的后半年表现为对陌生人的焦虑,这是大脑内侧额叶正在发育的证据,他们能够区分熟悉的人和不熟悉的人。当位于顶叶和额叶的"镜像神经元"开始成熟时,婴儿也开始理解和模仿他人的行为(Rizzolatti 和 Craighero,2004)。这种发展也可以从他们对观看成人和其他儿童的面部表情和动作的强烈兴趣中看出(Coudé 等,2016)。婴儿也开始控制自己对这些活动的注意力,特别是当他们喜欢这些活动的时候。

最近的一项研究观察了当成年人和9个月大的婴儿玩耍时,二者大脑前额叶皮层的活动。研究表明,婴儿和成人的前额叶皮层(PFC)通道和一些顶叶通道是相互关联的,两个个体的神经元在一起活动(Piazza,

Lasenfratz，Hasson 和 lewis-williams，2020）。同时，婴儿和成人在相互凝视前，二者的大脑前额叶皮层都被激活；当婴儿微笑时，这种激活会增强。婴儿的大脑活动也与成人说话的音调变化有关。这些实验证实了婴儿早期与他人互动经验的重要性。

因此，支持婴儿大脑发育的环境，使婴儿有机会利用他们现有的能力探索和了解周围的环境，并对关怀和有趣的人际交往作出反应，从而发展与看、听、触摸、移动和牙牙学语相关的感觉运动技能。因为与声音感知和音乐相关的感觉运动区域在婴儿期是非常活跃的，所以它们对这些刺激非常敏感。一项研究表明，与父母或看护人一起参加互动音乐课的婴儿，会更早地表现出对音高结构和音乐的敏感反应（Tranor，Marie，Gerry，Whiskin 和 Unrau，2012）。

婴儿在这一年龄段喜欢的其他活动，如被触摸、触摸人和物体；观察、品尝和操纵物体；被弹起、摇晃或举起，都是这些大脑区域发育变化的证据。婴儿从与环境的身体互动中获得的理解被称为行为认知，即通过触摸、感觉、说话、抓握、摇晃，以及与环境中的物体和人进行许多其他身体行为来获得知识（见 Bruner，1964）。新生儿的大脑重约 1 磅，但到第一年年底，由于大脑的神经元连接的迅速增长，婴儿的大脑重量可达到约 2 磅。出生时连接最少的神经元在 6 岁时的连接将变得最丰富，而之后发生的修剪过程（pruning）会使这些连接在个体 14 岁时变得较少。

三、幼儿的大脑发育(1—3岁)

阿玛塔（Amata）的活动等级

在阿玛塔13个月大开始走路后，她的行为已经发生了变化，阿玛塔的妈妈玛尔塔（Marta）很难适应这种变化。现在，15个月大的阿玛塔什么都喜欢。她是一个非常容易相处的孩子，吃得很好，没有胃不舒服，学会了睡个安稳觉，反应很快，不要求别人时刻关注她。当她学会了在家具周围蹒跚学步，并观察她周围的许多地方后，她的母亲意识到房间里有潜在的危险的地方。例如，阿玛塔捡起并品尝过脏的或可能含铅的东西，她还摔坏了玛尔塔最喜欢的两个盘子。由于玛尔塔从来没有学过很多关于儿童发展的知识，她认为阿玛塔正在变成一个顽皮的孩子，因为她什么都参与，而且经常使用她的新单词"不"。由于他们住在一栋旧建筑的三楼，通往他们住处的楼梯又黑又摇摇欲坠，阿玛塔必须被抬上抬下才能出去。他们住的地方有一个很小的院子，但草坪稀疏，街道上的车辆很多，所以没有适合阿玛塔玩耍的户外场所。玛尔塔得到了一份兼职工作，她现在正在寻找一家便宜的日托所，这样玛尔塔可以在她工作期间"学着表现得更好"。

幼儿时期是大脑神经连接继续快速形成的时期。大脑感觉运动区域的增长使幼儿的感觉和运动控制更强，大脑左右半球的增长使幼儿的右利手或左利手形成。因此，他们可以做更多的行动来改变他们的环境，如扔球，拍一只玩具兔子，或打开厨房碗柜门。此外，大脑顶叶—颞叶区域的发育，也就是感知和语言技能所在的区域，在幼儿的感知和语言发育过程中出现突飞猛进，他们获得了更多控制注意力的能力。幼儿期是语言理解和表达能力增长的高峰期，因为大脑中与语言相关的两个主要区域（布洛卡区和威尔尼克区）的突触连接显著增加。大约在16—20个月的时候词汇量会激增，之后的理解能力会在30个月的时候激增。通常在18个月大的时候，蹒跚学步的孩子就可以开始谈论他们所记得的事件或物体，这种发展与大脑中记忆区域的成熟有关。

长期记忆位于内侧颞叶的海马体区域，而其他记忆存储区域位于内侧丘脑、基底前脑和前额叶皮层。也就是说，记忆过程在大脑中广泛分布。到3岁时，基本的认知能力，如注意力、记忆力都已经建立，3岁的孩子可以使用简单的记忆策略，如重复记忆。虽然幼儿理解和调节情绪的能力不及成人，但位于下缘系统的情绪中心，开始与大脑的额叶（思维部分）建立更强的连接。因为他们掌握了语言，他们可以开始表达自己的感受（如"疯狂""悲伤"）。

另一个非常重要的发展里程碑发生在孩子2岁的早期，那就是假装。蹒跚学步的孩子开始假装喝茶或和他们的"娃娃"说话。这种假装的能力会在学龄前的后期得到极大的扩展，但是简单的幼儿假装动作对于支持假装的进一步发展至关重要。他们还能模仿大人或其他孩子展示的假装动作。初学走路的孩子在动作认知（enactive cognition）方面仍然表现出很大的增长,包括触摸、移动和用真实物体做实验,但他们也开始表现出形象认知(iconic cognition),因为他们开始在书中给物体的图片贴上标签,并在照片中给人物命名。布鲁纳(1964)认为,在人类能够理解符号思维(字母、数字)之前,发展这些类型的认知至关重要。

在蹒跚学步期间,大脑发展是如此之快,以至于成年人会经常发现蹒跚学步的孩子似乎每天都在学习许多新东西。这可能是因为他们大脑的活跃度是成人大脑活跃度的2.5倍。到2岁时,幼儿大脑中的神经元连接(突触)数量与成人大脑中的数量大致相同,到3岁时,儿童大脑中的突触连接数量大约是成人大脑的两倍。幼儿的大脑代谢率更高,也有更多的化学交流促进剂(神经递质)。大脑重量的增加也部分归因于信息传输速度的提高,这是由髓鞘的增加所促进的。髓鞘形成是一个覆盖神经元与一种提高通信速度的物质相连接的过程。由于这些增加,幼儿3岁时的大脑重量约为3磅。

蹒跚学步的孩子似乎一直在学习,有时他们可能会学到很多成年人不希望他们学的东西。他们的模仿能力和活动水平可能会导致他们试图从事成年人认为他们还不能胜任的活动,例如洗碗碟或打开电视。幼儿开始表达自己的想法和愿望是很常见的,有时这些想法和愿望与成人看护者的想法和愿望相冲突。成年人应该认识到,幼儿对自己想法的坚持是他们大脑发育的证据,应该给他们机会选择活动。

因此,支持幼儿大脑发育的环境包括将幼儿置于安全但具有适当挑战性的环境中,让他们积极探索自己的许多发展技能。他们的经验(主要是游戏经验)应该伴随着丰富多样的语言环境,掌握大小肌肉运动技能，以及和其他儿童和有爱心的成年人进行互动。

四、学前儿童的大脑发育(3—5岁)

蒙巴拉（Mumbara）一家

蒙巴拉一家在美国只待了8个月，在此期间，在慈善者的帮助下，父母双方找到了住房和兼职工作。他们不同时工作，所以其中一位照顾他们3岁半的儿子舒米（Sumi）。最近，他们惊讶地获悉，他们的孩子有资格参加他们居住的小城市提供的"头脑启迪"(head start)项目。家长们都参加了一个会议（带舒米一起参加），以了解更多关于这个项目的信息。项目负责人鼓励他们为孩子报名下个月开始的，每周4个上午的课程。由于他们从未听说过这个项目，他们对是否要把孩子送去犹豫不决，因为孩子还很小，他们不确定他离开父母是否会快乐。然而，他们最终还是决定让他参加。在那里的员工的帮助下，他们提供了注册所需的信息。当他们第一次带孩子去他的启蒙班时，他们对房间里的家具、玩具和其他材料感到惊讶。他们也很高兴他们的孩子似乎很适应这个新环境。现在舒米已经参加早间项目几个星期了，他们看到了一个不同的孩子。参加前，舒米一直害羞、安静，但现在他在家里滔滔不绝，在游戏中很活跃，不喜欢被当成婴儿。父母开始怀疑他们是否做出了正确的决定,将他送到"头脑启迪"班,因为这种行为在他们的文化中并不总是受到赞赏。他们对自己的参与感到不安,因为老师们希望他们在家里多参加舒米的活动。

学前时期是大脑通信系统快速发育的一个特别重要的时期。突触发生,即指神经元之间相互连接的新突触的发育,持续而迅速。在此期间,大脑特别活跃地进行这些连接。事实上,到 4 岁时,大脑依然非常活跃,以至于其葡萄糖利用的代谢率是正常成人水平的两倍。大脑网络的髓鞘化(用绝缘护套覆盖神经元网络)也在继续,这使得信息流动更快。由于髓鞘发生在边缘系统,孩子的通信连接速度大大提高。

随着大脑不同区域的成熟,大脑中的血流量也会发生变化。大约在 3 岁时,感觉运动区和顶叶颞区血流量较高,表明精细运动区、感觉区、大运动区和语言区发生了改善,运动、感觉和语言技能发生了信号改变。3—6 岁也是大脑额叶区域生长速度最快的时期,该区域负责调节计划新行动的能力。随着额叶继续成熟,学前儿童开始有源记忆,即对何时何地学习的意识。有时他们会记得父母宁愿他们忘记的事情。

教师和家长可以观察到学前儿童的社会性和语言的发展,以及在与同伴的互动和游戏中,特别是在他们高级水平的假装游戏中象征性表征的增加。在这个年龄段,随着孩子们继续扩展他们"假装"的能力,包括其他孩子在内的精心制作的伪装和持续许多天的长期假装主题是一种主要的游戏类型。研究人员发现,学龄前儿童的大脑发育和思维与年龄大一些的儿童既相似又不同。在一项对4—6岁儿童脑电波的研究中，当儿童试图对现实和错误信念问题进行推理时，研究人员发现，错误信念问题失败和成功的儿童之间，左头皮脑电波存在差异(Liu, Sabbagh, Gehring和Wellman, 2009)。

其他一些研究观察了直接教学对学前儿童大脑发育的影响，发现不同类型的训练会影响儿童的大脑注意力网络。一项音乐训练研究发现，接受过音乐训练的学前儿童表现出更好的听觉选择性注意，即能够专注于特定的声音或语言来源(Neville等, 2008)。因为学前儿童的大脑皮质发育(大脑的高级中心)特别强，所以皮质体积增加，灰质和白质组织生长，代谢需求增加。然而，儿童仍然需要更多活跃的大脑区域来完成高要求的认知任务。

研究人员(如Brown和Jernigan, 2012)建议对学前儿童的大脑发育进行更多的研究，因为这几年的大脑发育是动态的、健壮的，非常重要。他们知道，如果儿童在学前时期有高速增长和突触连接的扩展，那么当后期的大脑修剪变得活跃时，就会有更密集和更广泛的大脑资源可供他们使用。

因为学前时期是大脑发育的重要时期，所以支持这一发育的环境尤为重要。学前儿童应该参与到有趣和具有挑战性的环境中，以扩大他们的经验基础。刺激所有大脑区域的体验包括身体活动、社会互动、认知挑战和情感强化。与其他孩子以及成年人进行各种有趣的接触，应该能让他们学会许多方法来应对挑战。这些经历应该伴随着丰富多样的语言机会，参与社会互动，以及掌握许多社会、身体和认知技能的适当机会。

　　此外,在这一年龄段,儿童的大脑不仅在身体协调方面,而且在认知技能、语言习得和情感发展方面,都建立了快速连接。因为他们的大脑发育快速而激烈,学前儿童想要尝试许多新的和多样的东西。他们通过反复试验,来了解成年人通常认为是恶作剧和陷入麻烦的事情是如何运作的。当他们玩耍的时候,他们更关注他们玩什么和如何玩(即过程),而不是在比赛结束时所拥有的(结果)。因此,对他们来说,决定如何玩和玩什么,比通过玩获得结果更重要。这就解释了,为什么他们可能会花几个小时,用积木建造一座房子,然后跑进那座房子,在一秒钟内把它打破。学前儿童大脑发育的某些方面,可能会使学前儿童的行为更难让成年人理解和欣赏(如想要为自己选择做什么和穿什么;问一些成年人可能不想回答的问题),这些都证明他们正在提高他们的终身大脑能力。

　　在这个年龄段,文化差异在成年人对孩子的行为期望中表现得很典型,尤其是关于男女儿童行为预期。例如,来自不同文化背景的父母可能有他们认为重要的不同学习或发展领域(Ojala, 2000),或者有对孩子表现更为宽容或要求更高的育儿方式(Domènech Rodriguez, Donovick 和 Crowley, 2009; Varela 等, 2004)。然而,目前还不清楚预期的差异是否会导致大脑发育的永久性差异,这个问题才刚刚开始成为一个研究主题(见 Ambady 和 Bharucha, 2009)。

五、幼儿园大班/小学低年级儿童的大脑发育(5—8岁)

詹妮（Janie）的二年级阶段

因为詹妮一直是一个渴望学习的人，对很多事情都感兴趣，所以詹妮以极大的热情开始了二年级的学习。她的幼儿园和一年级老师都倡导主动学习，因此他们有许多不同的活动和项目，让詹妮深深地投入其中。他们通过包括学习相同概念的各种方法，来解决詹妮注意力短暂的问题，并且她有机会选择学习一些学习技巧或方法。在她上二年级的前一个夏天，她的父母注意到她不再对涉及体能挑战的活动感兴趣。她开始把兴趣集中在绘画和写书上，用积木、小洋娃娃和其他微型玩具制作精致的小世界，她通常会选择两个相同的玩伴，两个都是比她大一岁的女孩。二年级时，詹妮在学习上投入的精力似乎变少了。她向父母抱怨，老师让每个人都做同样的事情，一遍又一遍地练习数学和阅读概念，但这些任务她已经知道怎么做了。她的父母计划和老师谈谈，如何在满足二年级课程要求的同时，帮助詹妮重拾学习热情。他们想知道当詹妮完成日常任务后，她是否可以从事特殊项目，或者是否可以不做其中的一些任务。

虽然突触连接（神经网络的创建）在6—8岁期间继续发生，但这也是神经网络修剪过程变得更加突出的时期。大约在7岁时，大脑额叶的突触密度达到最高，儿童的运动协调能力、元语言意识、自我效能知识和社交能力都在发展。一些研究人员（例如，Bauer，Lukowski 和 Pathman，2011）正在研究男孩和女孩大脑中可能出现的潜在差异（例如，女孩的海马体更大；男孩的杏仁核更大），但需要更多的研究来确定这种差异与行为差异的关系。

在这个年龄阶段，大脑所需的能量（以葡萄糖消耗量衡量）随着修剪过程的发生而逐渐减少。然而，在进行辨别和其他认知任务时，这个年龄的儿童仍然比成年人激活的大脑区域更大。随着额叶开始成熟，它改善了认知和其他能力，一些能力似乎比其他能力成熟得更早。例如，儿童的记忆力和解决问题的过程似乎在速度上有所提高。到 6 岁时，儿童的大脑发育已经存在个体差异，语音意识、词汇和数学能力呈现出一些不同的模式。在这个年龄段，反应速度和认知测试表现都有所提高。

一个非常有趣的大脑发育与 P300 脑波的出现有关（Sangal 和 Sangal，1996），这在幼儿中是不存在的。P300 脑波被认为与人类意识到他们的精神体验有关，但它直到青春期才达到充分的振幅和速度。通常，在思考过程中，儿童最初激活了许多神经元，为了清晰地思考，他们可能不得不在学习任务中忽略一些不必要的激活神经元。然而，到 6 岁或 7 岁时，孩子们通常可以更成功地专注于需要注意力的任务，尽管这仍然需要比青少年或成年人更大的努力，但他们可以抑制鼓励他们选择其他行为的冲动。例如，在这个年龄，大多数孩子可以放弃吃一个棉花糖，以等待得到两个棉花糖（Mischel，2015）。这种专注于他人分配的任务而不是自己感兴趣的活动的能力，是孩子在学习中获得成功的一项重要技能。

随着神经元网络开始成熟,儿童的大脑处理速度也会增长得更快,6—7岁的儿童在需要注意和抑制冲动的任务上的表现会有所提高。看来,学校教育本身可以提高记忆技能,并促进一般的认知发展,正式的学习环境可能会使大脑的记忆功能更有效地运作(Vygotsky,1978;Roberts等,2015)。这些脑波功能的变化与皮亚杰(Piaget,1952)所称的具体运算思维的时间周期是一致的,在这个时间周期中,儿童对数字、空间、重量、体积等概念的思维变得与成人思维相似。这是皮层生长周期与认知发育周期同步的又一证据。这些认知发展的周期遵循大脑中明确的重组模式,这主要是表现在前额皮质。

在这个年龄阶段,大脑结构和功能有了改进和个性化,而且,随着儿童与环境经验的互动,他们的兴趣可能会在新的领域变得更加突出,对他们早年喜欢的活动的关注可能会减少。对不同年龄层执行功能的研究表明,在年轻受试者中缺失的某些脑电波,在这个年龄层出现。例如,儿童在完成学业任务时的大脑活动表明,初级阅读者的大脑模式与学龄前儿童和年龄较大的阅读者都不同(参见 Pugh 等,2013)。

认知问题,如学习障碍和注意力缺陷障碍,可能与大脑成熟的问题有关,通常在最初几年被诊断出来。对那些积极和具有挑战性的早期经历不一定得到了促进的孩子来说,幼儿园大班和小学早期尤其重要。因为他们的大脑仍然对神经元生长和重要认知连接的建立开放,教育者可以极大地促进这些儿童的大脑发育。

虽然大脑的成熟过程,使儿童更专注于成人指导的活动,但是在幼儿园大班和小学早期的适当环境中,仍应该继续提供各种各样的身体和感官体验以及适合年龄的挑战,以促进认知和社会理解。对环境的有趣探索和创造性的机会,能够巩固学习技能,促进更丰富的认知和社会理解,这在这个年龄阶段是很重要的。丰富的学习环境对幼儿园大班/小学早期的孩子尤其重要,因为突触连接越强化和多样化,他们的身体、社会、认知和情感能力就会越丰富和强化。

这个年龄段的孩子仍然喜欢长时间的游戏,通常可以和朋友一起玩得很好。他们在游戏中会学会解决一些问题,比如需要什么形状的乐高积木来建造一座坚固的城堡,以及当他们想要其他朋友或老师可能拥有的特定材料时,他们应该如何向朋友和老师表达。因此,在游戏过程中,孩子们不仅学会了创造性地以不同的方式思考某个情况或问题,还学会了如何与他人沟通、协商和理解他人的观点和愿望,这有助于他们形成对自己身份的概念。因此,游戏帮助孩子们了解他们是谁。

六、有特殊需求儿童的大脑发育过程

有阅读困难的亚瑟(Arthur)

虽然亚瑟在整个学龄前阶段都发育正常,但在一年级开始阅读时,他开始感到不安,因为他不想待在学习阅读有困难的慢班儿童中。在父母的鼓励以及大量练习下,他终于在年底达到了一年级的阅读水平。然而,当他上二年级时,他的老师建议他接受学校心理学家的综合评估。尽管评估显示亚瑟许多领域的认知能力都高于平均水平,但也表明他在语音处理和阅读流畅性方面存在弱点。因此,心理学家建议他接受特殊训练,以提高语音技能和阅读流利度。有了这些额外的帮助,亚瑟在学年末就可以完成年级阅读任务了。

不幸的是,有许多幼儿遇到学习困难,这可能与大脑发育有关,这些通常是在小学时期被发现的。就像亚瑟的情况一样,在生命的最初几年里可能没有发现明显的潜在大脑发育问题。因此,在这个年龄阶段发现学习障碍之前,孩子在许多方面都发展正常甚至特别好。然而,有些缺陷与遗传异常(如唐氏综合征)、子宫内恶劣的环境条件(如尼古丁、阿片类药物接触)或儿童早期的严重护理问题(如虐待、食物剥夺、缺乏人际接触)有关(见 Perry,1996)。

剥夺或产生压力的早期环境会影响大脑神经元的发育过程和免疫系统,并会影响幼儿的身体、认知和社会情感能力。脑部扫描显示,被严重忽视的儿童负责调节情绪的杏仁核与未被忽视的儿童的杏仁核大小不同。即使孩子的成长条件比普遍的条件只差一点,他们的大脑发育也可能不同。例如,研究表明,儿童的词汇增长水平和词汇类型,取决于他们的母亲与他们交谈的次数(Hart 和 Risely,1974,1975)。相对较差的环境可能会对儿童的发育造成损害,因此当照顾者和教育工作者有机会与这些儿童一起工作时,提供安全且具有适当挑战性的早期儿童体验是非常重要的。

研究还表明,一些与基因有关的大脑问题,可能会在早期表现为大脑发育和行为的差异。例如,程度严重且广泛的自闭谱系障碍(ASD),通常在2岁半时被诊断出来,此时大多数儿童在语言和社交技能方面出现突飞猛进的发展,但是患ASD的这些孩子可能不喜欢眼睛的注视,或者他们可能不参加社交活动或假装玩游戏。唐氏综合征是一种染色体异常综合征(也称21三体综合征,即第21对染色体多了一条),通常在儿童生命的最初几年,表现为认知、语言、社交、情感和运动技能方面的障碍。患有唐氏综合征的儿童通常在视觉处理、接受性语言和社交技能方面有优势,在这些优势的基础上发展是非常重要的。因此,幼儿照顾者和教育工作者必须提供早期干预,以帮助这些幼儿获得最佳发展。

养育者和教育工作者在照顾那些有特殊需要的儿童时,尤其重要的是要考虑儿童的发育年龄,而不仅仅是实际年龄。养育者和教育工作者应该对儿童发育和大脑发育有广泛的了解,利用这些知识支持儿童,同时提供成人支持(如语言、手势或身体上的帮助),以帮助儿童学习更高级的技能。有些孩子可能需要更多的时间来达到发展里程碑(chronological milestone),而另一些孩子可能需要进行实质性的调整(例如,一个适合吃饭的勺子,可做选择的卡片)来成功完成任务。从产前到小学早期的大脑发育对孩子的生活至关重要,所以那些与幼儿一起工作的人应该知道如何帮助孩子促进其大脑发育。

另一类有特殊需要的儿童,是那些发展出比他们年龄更高级的大脑能力的儿童。例如,他们可能在2岁时就对学习所有特定主题(如火车、小鸟)感兴趣,在3或4岁时学会阅读,或在5岁时喜欢编数学题。这些孩子通常会被贴上"天才"的标签,这类孩子的父母和老师通常都很难让他们在适合他们大脑发育的水平上学习和探索世界。因为这些孩子的大脑似乎非常活跃,在儿童早期可能有更多的突触发育,所以鼓励和支持他们的活动和高级学习是很重要的。不应该要求他们重新学习已经掌握了的课程水平的信息;相反,应该允许他们探索和研究他们大脑发育水平所需要的知识和活动。

七、促进大脑发育:家庭和幼儿专业人士的作用

大脑发育研究表明,家庭成员、早期儿童养育者和教育工作者,知道如何通过为他们提供社交、情感、认知、身体、音乐和其他学习经验来帮助幼儿的大脑发育是非常重要的。孕妇及其家人必须知道胎儿环境对大脑健康发育的重要性,所有家庭成员都需要意识到生命最初几年在促进最佳大脑发育方面的重要性。因为现在很多孩子都是由祖父母和其他亲戚照顾的,所以这些家庭成员也应该了解孩子大脑健康发育所需的照顾和教育类型,这一点很重要。

幼儿专业人员可以在许多方面对促进儿童大脑发育产生影响。首先,他们可以发挥作用,让孕妇了解良好的产前护理,并帮助她们找到良好护理的提供者。第二,他们可以帮助家庭成员了解幼儿的适当养育和教育经验,并定期提供家庭学习经验。第三,他们可以在自己的课程和与家庭相关的教学中,在促进大脑发育方面发挥重要作用。他们可以通

过提高对发展里程碑和如何促进家庭学习的认识,来支持父母在子女教育中的作用。学习机会的例子包括将发展技能纳入日常任务和活动(例如吃饭时间、洗澡、读故事书)。这需要跟随孩子的主导,利用孩子自己的兴趣来实现。此外,在他们提供的幼儿保育和教育项目中,教育工作者可以大力支持并确保儿童的经历是能够促进大脑积极发育的。

八、总结

生命的最初几年是大脑快速发育的时期。幼儿教育工作者需要了解早期大脑发育的这一重要过程,以及如何支持健康的大脑发育(例如,支持、养育的成人;丰富的环境),并防范可能损害大脑发育的经历(如压力、疾病)。

九、讨论问题

1. 如果你知道身边有孕妇吸烟或饮酒,你将如何帮助她理解她应该在怀孕期间停止这些行为?

2. 你所在社区有哪些计划帮助家长了解产前护理和发育？你可以向家庭提供哪些资源？
3. 在婴儿护理计划中，为儿童提供感官和身体活动体验有多重要？这些体验是如何影响大脑发育的？
4. 你可能会给学步儿的父母什么建议来支持他们在家庭环境中的发展？
5. 为了帮助家长为孩子提供更多运用他们日益增长的能力的机会，你对学龄前儿童的家长有哪些建议？
6. 家庭如何支持学龄前儿童认知、语言和数学能力的提高？
7. 了解良好的大脑发育对幼儿、学龄前儿童和幼儿园/小学儿童的重要性会对教育者为一般发育儿童提供的经验类型产生怎样的影响？对有特殊需要的儿童呢？

十、进一步阅读的建议

Bergen, D., & Woodin, M. (2017). *Brain research and childhood education: Implications for educators, parents, and society*. New

York, NY: Routledge.

Eliot, L. (1999). *What's going on in there: How the brain and mind develop in the first five years of life*. New York: Bantam Books.

第二章　在婴儿课程中促进大脑发育

一、敏(Min)

敏在妊娠 22 周出生时,体重极低,因此在新生儿重症监护病房度过了 4 个月。虽然她发育得很好,但她需要通过人际交往来提高她的语言能力和解决问题的能力。10 个月大的敏是一个充满活力的小女孩,但她的能力只有 6 个月的水平,刚刚开始在教室里玩玩具。由于发育迟缓,她被安排和年龄更小的孩子在一起,以纠正早产造成的发育迟缓。她越来越好奇,用手和嘴探索物品。因为她在无人看管时经常哭泣,所以她的老师会拿各种各样电池驱动的玩具给她玩。当敏按下按钮时,她会得到几分钟的闪烁灯光和音乐的奖励。然而,这阻碍了她的探索,因为她被灯光和声音迷住了。虽然按下按钮需要敏的动作,但她收到的反馈并不需要太多动作,这限制了她移动和探索其他玩具的动机,而这些玩具可能会提供给她发展其他技能的机会。此外,当她使用电池驱动的玩具时,她与周围环境中的其他人的互动会减少。而当她忙于这个活动时,她看起来很忙碌,所以老师与她的互动也会减少。

二、丹尼尔(Daniel)

在丹尼尔1岁的生日派对上,他的父母为参加派对的稍大一点的孩子计划了音乐活动。当丹尼尔听到这些音乐活动开始时,他睁大了眼睛,以典型的1岁婴儿的方式参与其中。在"摇蛋歌"中,他每只手拿着一个鸡蛋,随着音乐的播放,他会断断续续地摇鸡蛋,但只是偶尔会随着音乐"节拍"。他还从其他方面探索摇蛋器:把它们放进嘴里,把它们扔掉、放下、滚走,然后再把它们捡起来。当他的母亲抱着他时,她用手中的鸡蛋为他模仿"拍子"。他看着她和其他孩子,但他不遵循任何动作模式。然而,他似乎很高兴,只是抱着鸡蛋,做自己的动作。同样,当孩子们随着音乐挥动围巾时,他会随意挥动围巾,但当他妈妈用围巾玩"躲猫猫"时,他会高兴地尖叫。丹尼尔的妈妈也把他抱起来,随着音乐"跳舞",他通过妈妈对音乐做出反应。当她移动时,他似乎感觉到自己在移动。虽然丹尼尔不能模仿特定的音乐动作,但他似乎喜欢音乐,并享受模仿动作的机会。

三、洛拉(Lola)

从出生起,洛拉就不是一个"容易"的宝宝,因为她不喜欢母乳喂养,夜间睡眠时间相对较短,并仔细谨慎地观察周围的环境。当她在房子里走动从事活动的时候,她对观察3岁的哥哥萨里(Sally)特别感兴趣。现在洛拉已经7个月大了,如果把她放在婴儿床或弹跳椅上太久,她就会变得很烦躁。她最开心的是在地板上,坐着、打滚、滑动(她还没有学会爬),捡起玩具和其他东西,摇晃它们,把它们放进嘴里。她的父母最近注意到她已经试图抓住矮桌子把自己拉起来。她也开始"说话"了,她发出的一些声音几乎像单词一样。她的父母很惊讶,她已经"对一切都很热衷",因为萨里一直是一个非常安静的孩子,直到1岁多才会走路。洛拉似乎肌肉力量很强,比萨里更早地开始行动,所以她的父母认为她可能在更早的时候就会开始走路。他们有时认为她天生的好奇行为是她的"顽皮",当她热衷于一些事情的时候,他们想让她停下来。他们不确定自己是否为这样一个活泼的孩子做好了准备!

四、婴儿大脑发育回顾

在计划婴儿课程时,重要的是要考虑婴儿的大脑在第一年是如何发育的。表2.1回顾了婴儿阶段的大脑发育知识。

表2.1 婴儿阶段大脑发育

- 出生时,大脑中对生命至关重要的区域基本处于运作状态,控制反射性行为的大脑皮层感觉运动区域已经处于活跃状态。

续表

- 出生时,大脑中对声音做出反应的区域也会对音乐做出反应,比如节奏、音量和旋律的变化,这在婴儿的感觉和运动反应中很明显。
- 2—3个月时,婴儿在顶叶、颞叶、初级视觉皮层和运动区的神经元连接成熟。
- 在最初的6个月里,由于胶质细胞的髓鞘化,神经元体积增大,连接成树突网络,并开始更快地交流。
- 在3或4个月时,基底神经节和小脑半球成熟,这种大脑快速生长在婴儿的运动、社交、感知和认知技能的成长中是明显的。
- 6个月时,婴儿的高级大脑中枢(即皮层区域)获得了更多的连接,对身体和社会互动变得非常敏感。
- 8个月大时,婴儿大脑额叶的活动增加,对环境中的物体的动作认知更加明显。
- 9个月大时,婴儿具备了抓取、操纵、咬、故意放下和寻找物体的运动控制能力,以及坐、爬、拉到站的运动技能,并开始走路。
- 12个月的时候,婴儿的大脑会对语言做出反应,婴儿可以参与到涉及基本伪装的社交游戏中。
- 虽然大脑系统总是作为一个整体运行,但在生命的最初几年,一些右脑区域似乎比一些左脑区域成熟得稍快一些。因此,幼儿对社会情感互动的反应可能比他们对主要集中在左脑区域的语言和其他认知技能的反应略快。

注:早产儿的大脑发育里程碑会在较晚的时间发生,但除非他们有严重的发育问题,否则他们的发育仍将遵循这个顺序。

五、促进婴儿的大脑发育

人们很容易忘记,在生活中有一个全新的人(一个婴儿),会给一个成年人的各方面带来重大改变。至少在不久的将来,新手父母必须把自己的欲望放在一边,转而满足这个相对无助但已经要求很高的人的需求。对于那些有生活问题或在自身发展还不成熟的成年人来说,孩子出生的第一年似乎特别令人气馁。然而,即使是那些热切期待孩子出生,并为满足婴儿需求而精心准备的成年人,第一年也会面临各种挑战。当然,照顾和陪伴婴儿也会有很多令人愉快的方面,特别是在促进早期游戏和社会互动方面。

了解在婴儿1岁期间大脑发育的重要过程,可以帮助家庭和其他照顾者更感激他们为照顾、增强、陪伴玩耍和鼓励婴儿大脑发育所做的努力,从而使照顾婴儿的任务更令人满足。因此,在孩子生命的第一年,照顾者和教育者的教育和支持作用对父母尤为重要。

幸运的是,即使是对婴儿发育不太了解的成年人,也能得到关于如何最好地满足婴儿发育需求的正确信息。因为在他们大脑的不同区域发育时,婴儿善于表明这些需求。如果成年人了解婴儿大脑发育的过程,他们就能意识到这些过程,并通过调整自己的行为来适应婴儿的新行为,从而支持婴儿不断变化的需求、行为和技能,这些行为是由婴儿的神经元生长和成熟促进的。

与人们普遍持有的观点相反,那些照顾婴儿的人在促进早期大脑发育方面发挥着特别重要的作用。婴儿照顾者必须意识到典型和非典型的大脑和行为里程碑,以便他们能够调整自己的行为,跟上在婴儿生命的第一年快速连续发生的与大脑相关的生长突增、行为变化和发育挑战。当婴儿表现得更有能力和意识时,照顾者(如教育者)必须调整他们与婴儿的互动行为。

六、课程活动案例

在这个年龄段,让婴儿参与以下活动的课程体验对大脑发育尤其重要:

1. 声音/音乐/模式。
2. 在照顾和玩耍的时候,有反应和温暖的成人面部表情和谈话。
3. 大、简单的图片观看,和成人谈论图片。
4. 许多重复安全的运动技能的练习机会。
5. 鼓励用一些安全的材料玩简单的物体。
6. 环境清晰但具有挑战性的运动模式和路径。
7. 由成年人发起的初步的假装互动(即假装游戏)。

许多这些活动最初涉及与成人照顾者的直接和回应性互动,但随着婴儿能力的提高,他们将发起并扩展许多这些活动。由于婴儿的技能经常变化,因此他们的环境经验也应该经常变化,以满足他们不断扩大的技能发展模式。教育者应该不断地调整他们的互动模式和环境中的游戏机会,以满足和挑战婴儿的发展能力(见 Bergen,Reid 和 Torelli,2009)。

绝对不建议把婴儿放在秋千、跳椅或其他自动运动设备上,也不建议把他们放在电视或智能手机图像前。这些"自动刺激"设备对婴儿看护人来说很有吸引力,但它们减少了对婴儿大脑发育至关重要的"人与人"和"物体接触"的互动。虽然目前还不清楚这种做法对大脑发育的长期影响,但花在这些设备上的时间,占用了婴儿在人类和"现实世界"环境中互动的时间,而这些互动是培养婴儿大脑中的丰富突触所需要的。

下一节提出了可能促进婴儿大脑发育的课程活动案例。当然,还有许多其他活动也与这一发展相关。以下所述的增长领域所使用的是国家幼儿教育协会(NAEYC)的分类标准。

因为婴儿在出生后的第一年变化很大,所以建议在0—6个月大时进行一些活动,在7—12个月大时进行其他活动。在任何年龄和任何活动中,微笑和保持眼神交流都是很重要的。个别儿童的技能水平可能不同,因此建议活动有一些适当交叉。成人所能具备的最重要的技能是能够注意和回应婴儿的发展成长,并适当地调整课程活动。同样重要的是,提供有关发育里程碑/筛查工具的信息,让父母/照顾者了解婴儿的新技能。这也可以帮助父母在家里使用这些技能,并确定他们的婴儿何时/是否需要早期干预服务来支持发展。

0—6个月婴儿的活动

是谁干的?

领域:身体发育:重复随机运动;摇晃

　　　社会/情感发展:保持眼神交流;微笑

　　　语言发展:发声回应

步骤：当婴儿仰卧时，在一条腿上放一个手腕拨浪鼓或玩具摇铃袜。轻轻地将拨浪鼓带到婴儿的视野中，摇动拨浪鼓，同时与婴儿进行眼神交流，并表现出惊讶的表情或声音（"哇！"）。等待婴儿重复手或腿的动作，通过眼神交流、微笑、面部表情和声音表现出惊讶来表扬婴儿所做的努力。将腕部拨浪鼓或玩具摇铃袜转移到不同的手臂/脚上，重复活动以鼓励有目的的运动和增强协调性。

你不要说！

领域：语言发展：参与轮流谈话

　　　　社会/情感发展：轮流

步骤：当靠近婴儿时，倾听他们发出的声音并重复发声。暂停，让婴儿再次发声。每次他们发声时，成人再重复发声。这是轮流谈话的开始。

在这里，你去！

领域：身体发展：以平躺的姿势将身体从一侧翻转到另一侧；手抓物体

　　　　语言发展：轮流发声

步骤：让婴儿用腹部和肘部支撑趴到地板上，弄几个摇铃。给婴儿一个摇铃，用语言鼓励他们伸手（"给你！""拿摇铃！"）。必要时，帮助婴儿将身体重心移到一边，以便使手臂向前移动，或者在手臂下放一块卷好的小毛巾作为支撑。为了鼓励婴儿越过中线,可以将玩具放在婴儿空手对面的一侧,必要时用你的手盖住另一只手。慷慨地赞美,必要时给予休息,只要婴儿感兴趣,就用不同的摇铃重复。

有节奏的运动游戏

领域:身体发展:在躺着的位置上左右移动;伸手抓住物体;身体空间运动

创意表达/艺术欣赏:对音乐声音和动作的反应

步骤:需要知道的一件重要的事情是,幼儿将成人的身体视为他们身体的延伸。当你抱着婴儿跳跃、跳舞、有节奏地弹跳,并做其他动作时,婴儿会"感觉"到节奏,就好像节奏跳动在他们的身体里一样。因此,与婴儿相关的一项重要音乐活动是随着音乐做大动作,包括以下内容:

- 将婴儿牢牢地抱在怀里,随着节拍来回摆动。
- 抱紧婴儿,将婴儿抱在怀里跳跃或弹跳。
- 抱紧婴儿,随着节拍"跳舞"。
- 当婴儿躺下时,成人也可以随着节拍移动婴儿的脚和手臂,或者帮助孩子随着歌曲的节拍上下"弹跳"。

歌唱

领域:身体发育:精细运动/面部表情

语言发育：听语言声音；音乐声音

　　认知创造性表达/艺术欣赏：对音乐声音/动作做出反应

步骤：给婴儿唱歌是一项重要的音乐活动。当婴儿躺下、被用吊带吊起或被抱着时，与孩子"面对面"地唱，这样孩子就可以看到你唱歌时的面部表情。唱歌时，夸大你的嘴的运动，睁大眼睛，唱歌时微笑，这些都是让婴儿更有效地参与的方法。你不需要成为一名歌手，你可以唱任何你喜欢的类型的歌曲，因为这时幼儿所体验到的是声音、节奏和面部动作。

像我这样做

领域：身体发育：精细运动/手眼协调

　　语言发育：模仿语言交流

步骤：开始做一些动作或运动，看看婴儿是怎样模仿你所做的动作的。你可以拍手、摇头、抬高你的手臂、先摸摸你的鼻子或耳朵，然后告诉他们也这样做。当你这样做的时候，你应该经常和他们进行口头交流，因为他们不仅可以从你那里学到身体和眼睛协调的技能，还可以从你那里学到语言技能！也可以使用简单的打击乐器，如蛋沙铃、摇铃和拨浪鼓来做这个。

有趣的脸

领域：社交/情感发展：模仿；与照顾者互动

　　身体发育：精细运动/手眼协调

步骤：做你以前见过的婴儿的面部表情，如张嘴、吐舌头、眨眼、闭眼或微笑。做面部表情，看看婴儿是否模仿你。当他们这样做时，通过口头表扬和微笑给予积极的反馈。

改进：模仿婴儿刚刚表演的一个面部表情，看他们是否会重复这个表情。

你想要什么？

领域：身体发展：伸手取物

语言发展：表达偏好

步骤：拿两个玩具放在婴儿面前，在他们的眼睛注视的中间呈现，然后两手分别握住两个玩具并保持在同一水平线上，让婴儿选择。确保婴儿与每个玩具都有视觉接触。给婴儿那个他们想伸手去够的玩具，或者是他们在与两个玩具有视觉接触后眼神停留时间较长的那个玩具。

改进：从4个月大开始，你可以通过身体引导婴儿的手去接触他们的眼神停留过的玩具。

注意：如果婴儿双手同时伸向两个玩具，成人则要上下交错握住玩具（供婴儿选择）。

那是谁？

领域：身体发育：趴着时，使用肘部支撑上半身

社会/情感发育：与照顾者互动

步骤：将婴儿肚子朝下放在地上，在他们面前放一面不易碎的镜子。让婴儿趴在地板上，把头靠在镜子上，鼓励婴儿抬头看镜子里的自己。给予口头赞扬和微笑，鼓励他们抬起头来看着你，并在镜子里看到自己的影子。

改进：可以用卷起的手巾或枕头放在婴儿的腋下，帮助婴儿支撑身体。

注意：注意婴儿的疲劳迹象，当婴儿出现疲劳迹象时，可将其移到另一个位置。

7—12个月大的活动（也可改编适用于幼儿）

物体游戏

领域：社交/情感发展：给予和接收物体

身体发展：大幅度手臂运动；操作物体

步骤：当婴儿获得运动和感觉技能时，他们会通过探索熟悉的物品来学习。准备干净安全的厨房用具，如塑料容器、纸盘、小平底锅、大汤匙、水瓶、塑料杯等供探索玩耍之用。这些玩具的颜色、重量和大小应该各不相同，制作材料的时候，孩子们可以安全地触摸、摇晃、吮吸和扔掷。6个月大的时候，婴儿喜欢把这些东西放到其他容器状的东西里，然后把它们倒出来，他们会一遍又一遍地做同样的事情。通过探索许多物体的特征，婴儿获得了他们的世界中物体的相关知识（即激活认知）。

镜子游戏

领域：社交/情感发展：认识自我；与成人互动

身体发展：使用精细运动技能

步骤：6—9个月左右，能坐或能站的婴儿就可以享受玩镜子的乐趣。在教室的墙壁上牢固地安装一面镜子，或者在有大人陪同的情况下，把镜子放在地板上或桌子上。当你谈论他们的身体部位，如眼睛、鼻子、头和手时，他们可以坐在或站在镜子前。最初，婴儿可以指着自己身体的某个部位，但一般来说，他们不会指着镜子里自己身体的那个部位。通过指着镜子中的自己来模仿他们，引导他们看到自己的倒影。你也可以展示其他的动作，并要求他们模仿你的行动。鼓掌一次，让他们鼓掌；开心地露出一个大大的微笑，让他们像你一样微笑；或者将两只手像兔子耳朵一样举过头顶，让他们也这么做。婴儿可以模仿的身体动作还有很多。

有节奏的运动游戏

领域：早期识字/早期数学：识别模式

社会/情感发展：与成人的互动

身体发展：使用平衡和粗大/精细运动技能

创造性表达/艺术欣赏：对音乐节奏和运动做出反应

步骤：只要有音乐，护理人员就可以让婴儿参与节奏游戏，即使这种活动不是"有目的"的。例如,当婴儿可以坐起来的时候,你可以坐在地板上,腿伸直,让婴儿坐在你的腿上,面对着你。当你有节奏地轻轻上下弹跳他们的膝盖时,婴儿可以"骑马"。用舌头发出"哒哒"的声音,同时在同一个节拍上跳动,不仅对婴儿来说是有趣的,而且加强了节奏。注视、微笑和互动能让婴儿在"制作"音乐时感到舒服,并与照顾者建立联系。这让他们在听到有节奏的节拍和自己的名字的同时,也能感觉到和"看到"手的运动。

乐器演奏(注意:任何时候成年人的存在/参与都是必要的)
领域:身体发育:控制手臂运动
创造性表达/艺术欣赏:对音乐节奏和运动做出反应
步骤:对儿童安全的工具,如蛋沙铃、鼓、沙槌或铃铛,对大一点的婴儿来说是有趣的。在这个发展阶段,他们会探索,很有可能把东西放到嘴里,或者拿着它们玩,而不是做出任何有意义的音乐手势。吸引婴儿的最好方法是让他们探索乐器,而成年人则可以模仿节奏,用自己的乐器保持稳定的节拍。一些婴儿会观看但不参与,除非当其他婴儿开始摇动乐器(尽管最初不是随着节拍),他们才会开始拿着乐器。照顾者可以帮助婴儿理解这个动作,轻拍或在孩子的背部、腿或脚上保持节拍,让他们也能"感受到"节拍。

围巾音乐游戏

领域：身体发展：控制手臂运动

创造性表达/艺术欣赏：对音乐节奏和运动做出反应

步骤：对大一点的婴儿来说，用围巾搭配音乐是一件非常愉快的事情。五彩薄纱围巾是本次活动的最佳选择。当婴儿坐着或躺着的时候，你可以让围巾随着音乐"跳舞"。你也可以抱着围巾和婴儿"跳舞"。婴儿还喜欢用围巾玩"躲猫猫"。当婴儿面对着成人坐着的时候，这可以随着音乐的节拍进行。或者你可以用特定的音高唱："躲猫猫！"在婴儿阶段，惊喜是这个活动中最有趣和最吸引人的元素。大一点的婴儿可能会开始"控制"这种活动，他们会在笑的时候捂着脸，自己把围巾扯开！

改进：不使用围巾时，成人可以模仿婴儿刚刚表演的面部表情，看婴儿是否会重复。

你叫什么名字？

领域：语言发展：随呼叫姓名的声音转动

社会/情感发展：与照顾者的互动

步骤：说婴儿的名字，看他们会不会把头转向你。当他们看向别处时，再叫一遍他们的名字。如果他们没有看你，可以在说他们的名字时，慢慢进入他们的视野，口头表扬他们，并因为他们看着你而向他们微笑。你可以走到他们的身侧，在他们不看你的时候重复说他们的名字。当你说到他们的名字时，表扬他们看向你。

改进：如果婴儿没有看你,可以在叫他们的名字时,拿一个他们正在看的物体移到你的脸边上,让他们看你。口头上表扬他们,并对他们微笑。

舞会

领域：身体发展：四肢着地时前后摇摆或支撑站立时弹跳

　　　　社交/情感发展：与照顾者互动

　　　　语言发展：模仿发声/跟着音乐唱歌

步骤：打开轻快的音乐,开始跳舞。鼓励婴儿和你一起跳舞。这可以用于当婴儿刚开始爬行,或刚从一个有支撑的站立位置起来时。坐着的婴儿可以移动他们的手臂以及弹跳。你可以和婴儿一起在墙面的镜子前完成这个活动,这样他们可以看到自己跳舞。这种活动可以转化成关闭或打开音乐,鼓励他们随着音乐跳舞或停止跳舞。

关爱婴儿

领域：身体发展：模仿简单动作

　　　　语言发展：接受性理解

　　　　社会/情感发展：展示关怀动作

步骤：给孩子一个小娃娃,让他们"关爱"宝宝。模仿一些动作,如拥抱、亲吻和"摇晃婴儿",口头上鼓励孩子模仿你对娃娃的动作。

障碍课程

领域：身体发展：通过不同平面

语言发展：接受性理解；跟随方向

步骤：设置各种平面供爬行者和刚学会走路的孩子通过，包括软表面、隧道和小的障碍。对于新手宝宝，一定要把赛道放在靠近墙壁或架子的地方，这样孩子就可以利用这些平面来保持平衡。

七、婴儿一日活动计划

养育者和与婴儿互动的教育专业人员，必须具备良好的感知和敏感反应技能，因为婴儿的发育非常迅速，婴儿的各种需求几乎每周都会发生变化。例如，一组4个月、6个月、9个月和12个月的婴儿将表现出非常不同的运动、交流和认知技能，因为他们第一年的大脑发育非常迅速。因此，提供的课程活动和行为挑战水平必须涵盖该年龄段的广泛范围。

专业人士本身拥有灵活的技能范围，包括婴儿护理的有趣方法，对促进婴儿发育进步尤为有效。有时，那些照顾婴儿的人会痴迷于基本的"照顾"环节（例如喂食、尿布），反而失去了以有趣的方式回应婴儿的能力,如尝试伸手、更积极地移动、接触玩具和其他物体、尝试发起和回应互动。照顾这一年龄段儿童的成年人要意识到婴儿期是大脑快速发育、变化的阶段。他们必须明白,为了使他们的大脑发展丰富的神经元连接,婴儿必须与周围环境的物体和其他特征有适当和丰富的身体互动,以及与成年人和同龄人日益复杂的社会互动。最好不要把婴儿放在自动秋千上,绝对不能让他们在无人注意的情况下长时间待在这样的秋千或其他装置中。表2.2展现了婴儿一日活动计划的样本,其中包含了回应性和挑战性的活动,这些活动由发展中的婴儿主导。其中一些应该被包括在日常护理之中。

八、帮助父母提供促进大脑发育的环境

婴儿教育者/照顾者最重要的角色之一是向父母和其他家庭照顾者提供知识和鼓励,以强化婴儿的大脑发育。他们可以通过以下方式分享建议:

1. 提供有关发育里程碑/筛查工具的信息,让父母/照顾者了解婴儿正在发展的技能。这可以帮助父母/照顾者在家庭中提高这些技能,并确定他们的婴儿何时可能需要早期干预服务来支持发展。

2. 每天或每周向家里的父母/照顾者报告他们的婴儿表现出的行为变化和成长,并给他们提出与婴儿互动的方式建议,以鼓励婴儿大脑的进一步发育。

3. 提供有关支持婴儿大脑发育的家庭环境实践的信息(例如:成人与儿童互动和进行语言/声音游戏)。

表2.2 婴儿一日活动计划例子

非常小的婴儿(0—6个月)按照自己的时间表进食/睡觉	
8:15—8:20	抵达和上午例行活动——中心游戏
8:21—8:25	换尿布/洗手/过渡到早餐
8:30—8:55	早餐
9:00—9:10	语言或音乐活动* 舞会——打开一些活泼的音乐,开始跳舞,以解决身体发育和节奏问题
9:10—9:40	户外工作室和探究* 感官游戏——舀水和倒水
9:40—9:50	从户外游戏到唱歌的过渡
9:55—10:05	晨会* 歌曲、手指游戏或故事时间
10:10—10:25	晨间探究* 创作音乐——为婴儿提供各种大小不同的拨浪鼓和其他发出声响的材料,以供婴儿抓握和摇晃。
10:30—10:40	中心游戏
10:45—10:55	光线和艺术探究* 镜子游戏——把婴儿放在墙上的镜子和/或倾斜的地板镜子前,鼓励他们在俯卧时向上看,或者安装条横杠,鼓励婴儿拉着站起来。
11:00—11:10	午餐准备/换尿布/洗手
11:10—11:20	午餐
11:30—2:00	午睡和休息时间
2:00—2:30	伴随着语言或音乐活动一起吃点心* 老师唱歌,包括手指游戏,鼓励孩子参与
2:30—3:30	户外工作室和探究* 推拉玩具——鼓励初学者和爬行者使用推拉玩具进行身体活动

续表

3:30—3:45	户外玩耍/换尿布/洗手唱歌的过渡环节
3:55—4:10	下午聚会*
	唱歌,手指游戏,或讲故事时间
4:10—4:30	下午探究*
	准备出发
4:30—4:40	中心游戏
4:40—5:15	离开

*鼓励参与活动,但不是必须的。

4. 安排简短的家长会议,讨论与增强婴儿大脑发育和其他发育领域有关的话题。

5. 指出可能阻碍这一发展的成人行为(例如,婴儿接触无处不在的科技设备,长时间地待在弹性座椅等限制性设备中,以及对婴儿的忽视或有害的对待)。[①]

九、促进敏、丹尼尔和洛拉的大脑发育

重要的是,既要遵循计划中每个婴儿(每个婴儿可能处于不同的发展水平)的指导,又要做出调整,持续对他们的大脑发展做出反应,同时不断挑战他们的最佳发展水平。在第一年中,婴儿通过其快速变化的行

---

① 教师应接受培训,了解如何记录可能的婴儿忽视或虐待,以及报告此类行为的适当方式。

为表明，他们越来越多地参与到环境中，并迎接他们所寻求的挑战。

一个有着丰富的视觉、触觉和操作对象的环境，一个有着回应及时、知识渊博和有趣的人的环境，可以为丰富的大脑发育提供必要的刺激。如果家庭环境缺少许多促进早期大脑发育的活动，那么这种环境将更为重要。婴儿课程的重点应该放在好玩和有反馈的活动上，这些活动提供了应对在生命的第一年开始的各种各样的发展领域的机会。这些活动将促进敏、丹尼尔和洛拉的成长。

敏：幼儿教师可以为敏提供一个刺激性的环境，挑战她运用粗大运动、沟通、精细运动和解决问题的技能。色彩鲜艳的拨浪鼓玩具会让敏感兴趣，让她抓住并摇晃发出声音。老师可以摇动玩具，把它放在敏够不着的地方，鼓励敏朝玩具移动。带有可移动部件的玩具会鼓励敏使用更精细的运动，并让她的注意力保持更长的时间。敏似乎非常依恋她的老师，老师可以躲在玩具后面，用语言鼓励敏向她靠近。白天参与不同玩具的活动会让敏忙碌和投入。她的老师可以与敏互动，进行轮流发音，重复敏发出的声音。当敏摇动拨浪鼓玩具时，她也可以表现得很兴奋。

丹尼尔：帮助丹尼尔扩展他的音乐和活动兴趣是很重要的。即使是在婴儿期，丹尼尔也可以从强化节奏的、有目的的活动中获益，从而加强大脑与音乐的联系。父母和其他照顾者可以在唱歌或玩音乐时模拟稳定的节拍，以加强节奏学习。他们可以在孩子的背上或腿上打拍子，或在歌曲中使用孩子的名字，这为音乐和照顾者增加了一种特殊的联系元素。照顾者可以在拍打他的腿，或拍打鼓和壶时，说或唱他的名字（例如：Dan-i-el；Dan-i-el；Dan-i-el）。这既能让他感觉到节奏，又能让他看到手的动作，还能让他听到有节奏的拍子和他的名字。

洛拉：因为洛拉已经很活跃了，所以她需要更多的机会来消耗精力，并以适合她年龄的方式练习这些技能。她的父母和照顾者应该确保提供一个安全的环境，让她可以四处活动，并练习她超前发展的运动技能。她还需要有趣的玩具/物体，她可以捡起来，可以扔、咬、摇晃和获得刺激。由于她的身体技能（可能还有她的语言技能）很高，洛拉可能喜欢像"躲猫猫"、找东西、听歌曲和重复单词的声音这样的游戏活动。她很快就会喜欢上好玩的、可以奔跑和跳跃的地方。像洛拉这样的孩子通常被认为是"淘气"的，因为他们会打开低矮的橱柜门，拿出盘子或碟子，爬到桌子上拿够不着的东西，如果需要长时间待在婴儿床里，他们会吵闹（他们也经常会爬出婴儿床！）。洛拉的父母和老师应该欣赏像洛拉这样的孩子的最初品质，并认识到那些通常看起来不合适的行为，实际上是他们身体、认知和语言技能进步的证据。

十、讨论问题

1. 教师可以使用什么策略来提高敏的语言技能和解决问题的能力？电池驱动的音乐玩具如何与这些技能的发展对抗？

2. 鉴于敏对班级教师的喜爱,教师如何鼓励她探索班级并提高她的运动技能?
3. 为什么使用活泼愉快的手势和面部表情,以及与丹尼尔进行眼神交流很重要?
4. 音乐和有节奏的活动还可以通过哪些其他方式,适当地用于丹尼尔这个年龄的孩子?
5. 洛拉的父母应该如何支持她迅速发展的运动和认知技能,并且在确保环境安全的情况下,对她不断发展的需求做出回应?
6. 如果洛拉处于护理环境中,护理人员应当怎样调整他们的环境,使洛拉能够自由探索并发展自己的技能?

十一、进一步阅读的建议

Bergen, D. (2018) Infant sensorimotor play: Development of sociocultural competence and enactive cognition. In P. K. Smith & J. L. Roopnarine (Eds.), *The Cambridge handbook of play*:

Developmental and disciplinary perspectives (pp. 125 – 141). Cambridge, United Kingdom: Cambridge University Press.

Bergen, D., Reid, R., & Torelli, L. (2009). *Educating and caring for very young children: The infant/toddler curriculum* (2nd ed.). New York, NY: Teachers College Press.

DiCarlo, C. F., Onwujuba, C., & Baumgartner, J. J. (2014). Infant communicative behaviors and maternal responsiveness. *Child and Youth Care Forum*, 43(2), 195 – 209.

DiCarlo, C. F., & Vagianos, L. A. (2009). Preferences and play. *Young Exceptional Children*, 12(4), 31 – 39.

Miss Gail's Quiet Time CD for infants is available at http://missgailmusic.com under OUR MUSIC and on streaming music platforms such as Spotify, Apple, and Amazon Music.

第三章 在幼儿课程中促进大脑发育

一、汤米（Tommy）

汤米是一个 19 个月大的男孩，他通常每天都和妈妈珍妮丝（Janice）一起待在家里。珍妮丝现在已经怀有 6 个月的身孕，这是她的第二个孩子。汤米的父亲是一名工程师，尽管他大多数晚上都在家，但他的工作要求很高。虽然在外面时汤米表现得很好，但在家里珍妮丝还是很难对付他。例如，他会和父母一起去教堂或与许多人一起参加聚会，他可以安静而轻松地在其他地方待 3—4 个小时，而不需要任何人的持续关注。事实上，当他在其他的环境中时，他吃、睡、玩都很好，因此很多人对他的父母说："多么可爱的孩子啊！"汤米刚开始走路还不是很稳，他可以拉着东西站起来，沿着矮桌子或家具旁边走几步。然而，当他独自在家和妈妈在一起时，他经常尖叫、哭泣，并扔掉玩具。汤米的父母没办法让他在就寝时间入睡，他要到半夜才上床睡觉。而且，他们也不清楚他喜欢做什么或者他对玩什么感兴趣。到目前为止，他们还没有和儿科医生谈论过汤米在家里的行为，但他们正打算这样做。

二、米格尔(Miguel)

米格尔18个月大，这是他第一次和母亲一起参加社区的音乐活动。当老师发好摇蛋器后，米格尔两手各拿一个，随着音乐的响起，开始随意地摇晃。随着歌曲继续播放，他有时会有节奏地跟着节拍，随着音乐的节奏前后摇摆身体。当歌声要求把蛋摇高或摇低，或以其他方式放置它们时，他会尝试遵循这些指示动作。虽然他不会一直遵循指示，但他会观察房间里其他做出动作的人，并试图模仿他们的动作。当米格尔在空中晃动围巾时，他会让围巾"跳舞"，还会晃动着他的头。他还会通过跳跃和跺脚移动的方式"跳舞"。米格尔表现出对音乐的感知，并在伴着音乐的运动中表现出快乐的情绪。他似乎知道他在"跳舞"。

三、西蒙(Simeon)

西蒙似乎很喜欢来劳拉的幼儿园教室。每天早上他到幼儿园的时候，脸上都挂着灿烂的笑容。在他28个月大的时候，就他的年龄来说，他的体格已经很大了。在"真正的"轮椅出现之前，相对于妈妈给他使用的伞式婴儿车来说,西蒙显得更大。西蒙发育迟缓,肌肉张力低;他还不能独立活动,甚至不能自己坐起来。在过去的三周里,他刚刚开始接受早期干预服务,服务的首要任务是安装设备。理疗师克里斯女士(Ms. Chris)上周去了他家,给他买了一辆轮椅。在教室里,有各种不同的设备,都可以用来帮助西蒙与材料互动。劳拉女士知道,有了适当的躯干支撑,他就能更好地使用双手。克里斯女士使用的地板坐垫设备可以让他与同伴的视线齐平,并且借助一条臀部带和一个支撑垫就可以让他安全地站直。坐地玩具的托盘上还覆盖着地毯,这样可以把带有魔术贴的玩具牢牢地固定在托盘上。西蒙在其他孩子的包围下玩着玩具,脸上带着笑容。

四、幼儿大脑发育回顾

在规划幼儿课程时,重要的是要考虑幼儿阶段的大脑发育情况。表3.1给出了幼儿阶段的大脑发育信息的回顾。

表3.1 幼儿阶段的大脑发育回顾

- 幼儿大脑的活跃程度是成人的2.5倍。2岁时,他们的神经元连接(突触)和成年人一样多;到3岁时,他们大脑的突触连接是成年人的两倍!
- 幼儿的大脑比成年人有更多的神经递质和更高的代谢率。
- 髓鞘形成的增加加快了信息的传递,使幼儿的大脑重量增加。到3岁时,幼儿的大脑重约3磅。

续表

- 幼儿的感觉运动区域正在增强,大脑半球的发育使左右手偏好得以建立。
- 顶叶-颞叶区域(负责感知和语言技能的区域)进一步发展,幼儿与语言相关的区域(布洛卡和威尔尼克脑区)出现了突飞猛进的生长。
- 幼儿通常在16—20个月时出现"词汇量爆发",在大约30个月时出现"理解爆发"。
- 随着大脑的不断发育,幼儿获得了更多控制注意力的能力。
- 到了18个月左右,大多数幼儿都能谈论他们能记住的事件或物体,而这种发展与海马区、内侧丘脑、基底前脑和前额叶皮质的成熟有关。
- 到3岁时,注意和记忆等基本认知能力正在成熟。幼儿可以使用简单的记忆策略,如重复来记忆信息。
- 下缘系统的情绪中心与额叶的连接更强,幼儿可以开始识别情绪,并在感到"生气""悲伤"或"快乐"时说出情绪。
- 在蹒跚学步时期,理解假装的能力是一个非常重要的发展里程碑。他们可以"假装"喝茶或与他们的"娃娃"说话。伴随这种假装能力的是"幼儿幽默",因为幼儿现在"知道"一些事情应该是什么样子,他们可以故意地"开玩笑"。

五、促进幼儿的大脑发育

蹒跚学步的孩子似乎一直在学习,有时他们可能会学到成年人不希望他们学到的东西。他们的模仿能力和活动水平可能导致他们尝试成年人认为他们还不能胜任的行为,如"洗"盘子或打开电视。

蹒跚学步的孩子开始坚持自己的想法和愿望是很常见的,有时这些想法和愿望会与成年照顾者的想法和愿望发生冲突。成年人应该认识到,幼儿坚持自己的想法是他们大脑发育的证据;此外,成年人应该给幼儿安排一些他们的想法会受到欢迎的活动。因此,支持幼儿大脑发育的环境包括将幼儿置于安全但具有适当挑战性的环境中，在这种环境中，他们可以积极探索自己的许多发展技能。他们的体验（主要是好玩的体验）应该伴随着丰富多样的语言环境，鼓励掌握大大小小的运动技能，并有机会与其他儿童和有爱心的成年人进行社会互动。

对这个年龄段的大脑发育特别重要的是让幼儿参与以下活动的经历：

1. 积极的大小肌肉技能发展。
2. 重复的歌曲、韵文和故事。
3. 阅读和谈论图画书以及带有重复语言的书籍。
4. 挑战精细运动技能和认知理解的物体游戏。
5. 鼓励探索和锻炼精细和粗大运动技能，安全但有挑战性的户外和室内游戏。
6. 用仿制的"居家"玩具（平底锅、盘子、炉顶、床），与熟悉的玩偶、公仔和老师一起形成简单的假装脚本（幼儿通常不会与其他幼儿一起假装）。
7. 许多安全的骑行/移动玩具和通道。
8. 安全但对幼儿具有挑战性的攀爬和跳跃机会。

幼儿需要与成人看护者进行更直接的互动，但他们也需要时间探索其他儿童的品质，并与同龄人进行平行的游戏（进行类似的活动，只是偶尔进行游戏互动）。虽然幼儿仍然需要成人的监控，但应该有一些他们可以自己或者和其他孩子一起进行的活动。由于幼儿大脑突触的生长非常迅速，他们的兴趣和活动会经常发展和变化（至少每周一次），教师需要随时准备增加玩具和活动的范围与难度。

虽然一些推荐的活动会涉及由成人发起，但在大多数情况下，成人的作用是提供材料、设备和想法，然后对孩子的行动做出反应。例如，成年人可以"喝"孩子提供的"牛奶"，看着孩子爬"高"的一组台阶，或有兴趣地听孩子的"故事"。

因为幼儿的兴趣变化很快，所以教育者应该期望有广泛的材料和活动，鼓励幼儿探索、参与并尝试掌握许多技能。蹒跚学步的孩子希望尝试许多成年人可能认为他们还没有能力做的活动，因此成年人的一个重要策略是使用复杂的材料的简单版本，通过观察和帮助，并在需要时来"搭建"儿童尝试参与挑战性任务的支架。这包括"自助"技能，如独立穿衣和进食，因为即使衣服穿反了或盘子弄得一团糟，幼儿作为有效的实干家和学习者感觉到"能干"依然是很重要的。下一节提出了一个可能促进幼儿大脑发育的课程活动案例。当然，还有许多其他活动也与这一发展相关。下述发展区域使用的是美国幼儿教育协会（NAEYC）的标准。

六、课程活动案例（可适用于学前儿童）

镜子游戏

领域：身体发展：精细运动技能

社会/情感发展：认识自我

创造性表达发展：参与假装

步骤：蹒跚学步的孩子喜欢用剃须膏在镜子上"画"一幅"自画像"，画的是自己在镜子上的影子。如果你把镜子放在地板上或桌子上，就容易多了。你可以在剃须膏中添加更多的颜色，这样他们就可以在自画像中使用不同的颜色。

障碍道路

领域：身体发展：大运动和小运动控制

科学发展：空间和身体知识

步骤：房间内的各种运动项目（如：木台阶、爬行桶、踏步块）按顺序组合在一起，幼儿就可以通过"障碍道路"。在幼儿已经习惯于单独参与这些运动项目后，就可以使用这些活动。在户外活动比较困难的几个月里，使用这些运动项目更具挑战性。随着幼儿获得更多的运动和平衡技能，道路的结构和长度可以做出不同的调整。

去拿糖果！

领域：科学发展：预测

身体发展：精细运动技能

语言发展：遵循口头语言指导

步骤：取一个孩子感兴趣的东西（如小玩具或麦圈）放入一个盒子，在孩子的注视下盖上盖子。一边做一边解释你的行为（"我要把车放进盒子里,盖上盖子。"),然后鼓励孩子从盒子里拿东西("取下盖子,拿出汽车。")。更有挑战性的玩法是,把东西放在一个带旋转盖子的罐子里。要记得表扬孩子的努力。

改进:如果对孩子来说有困难,可以把物品放在一个透明的塑料罐子里,让他们仍然可以看到物品,并按照上面的步骤操作。

木材

领域:身体发展:精细运动技能

　　　语言发展:使用单词作为行动的信号

步骤:将木块(从12—15个月时的2个逐渐增加到28—31个月时的8个)放在孩子面前,并堆叠建造一座塔。鼓励孩子也这样做。在堆叠了几次木块并欣赏了"建筑"之后,在把塔推倒的时候高喊"木材!"鼓励孩子再次重建,然后再拆掉塔。

改进:对于手眼协调有困难的幼儿,可以改用泡沫块或其他类型的对精确度要求较低的垫块堆叠在一起。对于前语言或非语言期的幼儿,在击倒障碍物时,可以借助语音输出设备让儿童说"木材!"(或向成年人发出信号,让成年人帮他们击倒障碍物)

讲故事的人

领域:身体发展:精细运动技能

　　　早期读写能力发展:图片阅读

步骤：给孩子一本硬纸板书,鼓励他们在翻书的时候"读"给洋娃娃/填充动物听。鼓励孩子一边对着玩具娃娃/填充动物"朗读",一边指着图片来谈论每一页上的内容。对于大一点的孩子,在把书递给他们的时候,可以把书倒过来,并看看孩子是否把书翻对了。如果孩子没有翻对,你可以说："哦,不！你的书颠倒了！请把书翻过来。"

改进：在书页与书页之间放置小海绵,帮助幼儿将手指放在书页与书页之间,以便幼儿翻页。在孩子"阅读"和翻页的时候,可以用一个书架来托住书。

图书制作

领域：身体发展：精细运动技能

语言发展：描述图片

早期读写能力发展：写"故事"

步骤：在孩子面前放一张纸,对折成"书"。给孩子一张纸,让他们做一本书。给孩子提供蜡笔或马克笔来"写"他们自己的故事。当孩子画完后,让他们将他们画的内容讲给你听,你可以写下他们说了什么。纸/蜡笔的发展步骤包括自发的涂鸦,模仿涂鸦和蜡笔,画圆圈,复制圆圈,把"眼睛"和"嘴"放在一个圆圈里。

改进：对于双手同时操作有困难的孩子,可以用胶带将纸固定在桌子上。

晚安宝贝

领域：身体发展：早期假装动作

　　　　社会/情感发展：展示关爱动作

步骤：示范摇婴儿入睡，把娃娃交给孩子，鼓励他们模仿你的动作。然后让孩子喂娃娃，把他们放到床上。（对 12—15 个月的孩子示范一步动作；对 24—27 个月孩子示范多步骤操作。）

改进：当孩子抱娃娃有困难时，将娃娃放在孩子面前的桌子上，并模拟娃娃在桌子上时如何摇动和喂食。

洗碗

领域：身体发展：模仿假装动作

　　　　社会/情感发展：学习社会行为

　　　　认知发展：从记忆中模仿动作模式

步骤：给孩子一些洗碗所需的游戏材料（如盘子、假肥皂、海绵和毛巾等）。让孩子告诉爸爸妈妈是怎么洗碗的。唱一首关于洗碗的歌，或和孩子谈论晚饭后洗碗和擦碗的事情。

改进：如果孩子在完成活动过程中对多个步骤感到有困难，你可以让孩子模仿一个动作，或口头提示孩子接下来可能需要做什么。

布置桌面

领域：身体发展：模仿假装动作

社会/情感发展：学习社会行为

早期数学：学习1的概念；理解一一对应

步骤：饭前，给孩子几样吃饭需要的东西（如勺子）。带着孩子绕着桌子走一圈，让他们取一件东西，然后把它放在桌子上。重复这个步骤直到所有的勺子都被放在桌子上。你可以根据孩子的兴趣用其他食物重复这个动作。在多次演示之后，孩子就可以在每个位置放好东西了。

艺术中心的色彩

领域：语言发展：根据颜色名称匹配物体

创意表达/艺术欣赏：获得对颜色的敏感性

步骤：在艺术中心里，有不同颜色的存储蜡笔的容器。当孩子们用完蜡笔后，鼓励他们把蜡笔放回相应颜色的容器中。当你把蜡笔放回去时，可以自言自语地来描述你的行为（"我要把红色蜡笔放回红色容器里"）。

改进：对于年龄较小的孩子，可以限制容器的数量，以帮助他们更成功地将蜡笔匹配到合适的容器内。

你想要什么

领域：语言发展：用两个不同的词表达意思，用两个或三个词

的句子

步骤：吃饭或吃零食时，把食物放在孩子看得到但拿不到的地方。把所有的餐点或零食都说出来（"我有饼干、奶酪和苹果汁"），然后等孩子说出他们想要什么。如果他们没有提出要求，问孩子他们想要什么。与其提供食物，不如让孩子自己点。

改进：如果孩子处于前语言期或有语言障碍，教孩子"想要"的手语。当你拿起一样东西时，如果孩子表示"想要"，就把它们给他们。对于年龄较大的非语言儿童，可以用手语模仿多词句子（例如"想要饼干"）。

睡觉和醒来

领域：身体发展：脱衣服；穿上鞋子；自己穿简单的衣服

步骤：在准备午睡前的时间里，让孩子先脱下鞋子和袜子，然后再上午睡垫。当孩子从午睡中醒来时，让孩子穿上袜子和鞋子，必要时帮助孩子系鞋带。

改进：对于精细动作发展迟缓的幼儿，可以用尼龙搭扣代替对独立性要求更高的鞋带。

下一个！

领域：语言发展：遵循简单的指示；使用两个单词的句子
　　　　社会/情感发展：区分男孩和女孩

步骤：成人会提示孩子告诉另一个孩子该轮到他们来做某项活

动,比如上厕所("轮到你")或吃饭("来吃")。成人提示孩子告诉朋友轮到他们参加活动,并陪同孩子接近另一个孩子。成年人可以让孩子选择是告诉一个男孩还是告诉一个女孩。

改进:使用不同孩子的照片,帮助孩子做出选择。对于前语言或不会说话的孩子,在他们接近同伴后,可以通过使用声音输出设备帮他们说"轮到你了"。

唱和跳

领域:语言发展:模仿新词

身体发展:模仿肢体动作

创意表达/艺术欣赏:学习音乐主题和动作

步骤:给孩子们唱熟悉的周期性歌词,如"一闪一闪亮晶晶"。周期性重复的歌词可以帮助他们记住单词,让他们跟着唱。在反复出现的歌词中添加动作可以让前语言或非语言的孩子参与其中,并提供帮助孩子记忆单词的认知线索。运动动作的使用也可以帮助孩子们掌握一首最喜欢的歌曲。

改进:如果孩子在执行动作时有困难,那么就需要提供手把手的帮助,先帮助他们完成入门的手部动作。对孩子来说,保持运动可能比从头开始运动更容易。

投掷

领域:身体发展:过肩投球

步骤：成人模拟过肩扔一个小球，然后，大人把小球给孩子，让孩子把球扔回给大人。大人和孩子可以交替扔给对方，并要求对方"扔它！"此外，成年人可以在人行道上用粉笔画一个圈，或提供一个小桶，让孩子瞄准目标投掷。

改进：如果孩子在抓球上有困难，可以使用小沙包代替。

它去哪了？

领域：早期数学：寻找隐藏的物体；客体永久性

　　　语言开发：回应简单指令

步骤：当孩子在看的时候，用一块布盖住一个他最喜欢的玩具，问他们"××玩具去哪儿了？"然后把布拿开，露出玩具，再盖上玩具，这次让孩子"找到玩具"或"掀起布"。如果孩子没有揭开玩具，可以再给他们看一次。大人要及时表扬孩子找到了玩具，只要孩子感兴趣，就继续游戏。

改进：你可以使用"从最少到最多的提示"来帮助孩子找到玩具。如果他们在口头提示（"掀起布"）时没有揭开，你可以牵着孩子的手，帮助他们掀开布，表扬他们找到了玩具。确保每次给他们一个独立移动布的机会，只在需要时为幼儿提供身体帮助。

用来扔的球！

领域：身体发展：通过投掷探索物体

社会/情感发展：与照顾者互动；轮流

语言的发展：使用伸手和发声进行交流

步骤：幼儿通过摇晃、敲打和投掷物体来探索材料是很常见的。当孩子们对投掷感兴趣时，可以用柔软的塑料小球来引导他们。小球的大小适合抓握，你可以鼓励孩子扔球和滚球，然后把球收回来继续游戏。你可以鼓励孩子和你轮流扔出和收回玩具。

我可以自己做！

领域：早期读写能力：在被提问时正确使用物体

社会/情感发展：与照顾者互动

语言发展：轮流谈话

步骤：给幼儿一些梳子等常见的物品，让他们梳头。这可以在镜子前完成，这样幼儿就可以看到自己的动作。口头表扬孩子的努力。重复使用其他常见的或假装的物品（例如，玩具电话、杯子），鼓励幼儿正确使用这些物品。对孩子的任何交流给予表扬和回应，以鼓励他们参与对话。

改进：你可以模仿如何使用材料或提供身体帮助来指导幼儿执行正确的动作，提供口头表扬来强化幼儿的动作。

进行图片漫步

领域：早期读写能力：看被命名的图片

语言发展：尝试重复单词

步骤：给幼儿两本书让他们选择。给蹒跚学步的幼儿读这本书，让他们在故事的不同点找到你命名的物品的图片。重复物品的名字，并鼓励他们重复。口头上表扬孩子的努力。如果他们一直对这本书感兴趣，就再读一遍。

移动的人

领域：早期读写能力；遵循指示；解决问题

身体发展：搬运和捡起小物件

步骤：提供各种小块和一个桶。鼓励幼儿捡起积木并将它们移到房间的另一个区域，也许可以在另一个区域与卡车一起使用积木。这个活动在将多个小物件转移到另一个地方以达到另一个目的的过程中，促进了精细和粗大的运动技能和问题解决能力的发展。鼓励幼儿将积木移到卡车后面，并使幼儿在决定如何使用这些材料时与材料互动。

改进：你可以使用"最少到最多提示"来帮助孩子执行上述的操作。如果在口头提示（"把积木放到容器里"）后，他们还没有开始捡起积木，你可以拉起孩子的手，用肢体帮助他们把积木放到容器里，并表扬他们捡起了积木。一开始一定要给他们一个机会，让他们每次独立完成一个动作，只在需要的时候提供身体上的帮助。

我不想要

领域：语言发展：口头表达偏好

社会/情感发展：与照顾者互动；选择

步骤：在一天中为幼儿提供大量的选择机会。当你提出一个选择时，一定要让孩子有机会说"不"。你可以从选择两个物品开始——一个是幼儿喜欢的物品，另一个不是。向幼儿展示这两个物品，并在展示后问他们是否想要某个物品。当孩子说"不"时，尊重他们，并提供他们所选的材料。想想白天有什么机会让蹒跚学步的孩子表达自己的偏好——什么时候说"不"是可以的。

你能拿到吗？

领域：社会/情感发展：使用帮助解决问题

语言发展：使用语言寻求帮助

身体发展：使用精细运动技能

步骤：将需要的物品，如小玩具或小香肠，放入一个有盖的透明容器中。为孩子示范如何打开容器，然后把盖子放回去，给孩子。如果他们有困难，你可以伸出你的手，告诉他们如果他们需要帮助，你会帮助他们。只有当孩子以某种方式与你交流时（例如，把容器递给你或边说边看着你）才提供帮助。如果他们看起来很沮丧，你可以提供物理帮助，引导他们把物品交给你，同时重复你的帮助。为儿童提供身体帮助，指导他们打开容器并取出玩具或小香肠。如果孩子一直感兴趣,则可以重复游戏。

七、计划幼儿一日活动

蹒跚学步的幼儿在各个发展领域的能力都呈指数级增长,成年人往往还没有准备好应对幼儿能力和行为的快速变化。因为幼儿的大脑几乎每天都在进行新的突触连接,所以幼儿会经常做新的动作,说新的语言,要求新的情感理解。幼儿教育者必须具备的最重要的技能,是调整和改变环境和活动的能力,以及对不同幼儿将表现出的各种行为做出反应的能力。因此,课程设计者必须了解幼儿大脑发育的方式,以及幼儿在活动、语言和行为挑战中的表现。游戏性对幼儿保育和教育也非常重要,事实上,随着幼儿年龄的增长,游戏性变得更加重要。关于婴儿看护者不应过于沉迷于基础"护理"的建议更适用于那些与幼儿一起工作的人。

表3.2显示了一个每日计划的案例,该计划包含了回应性和挑战性的活动,这些活动遵循幼儿的发展趋势。这个年龄段对幼儿和成人来说都应该是有趣和令人兴奋的。

表3.2 幼儿每日时间表示例

时间	活动
7:15—8:40	抵达和晨间活动
8:40—8:45	整理过渡环节
8:45—9:15	家庭早餐
9:15—9:30	如厕/音乐和运动
9:30—9:40	晨会 教师与孩子们一起唱晨歌,让孩子们进行简短的对话、读书或音乐活动(根据年龄和注意力广度而有所不同) 讨论有关球的项目,重点是特性(例如尺寸、颜色、重量)
9:40—10:30	户外工作和探究 孩子们可以从各种游戏区域中选择,并有机会参与各种粗大运动活动。 孩子们通过与同伴或成人来回滚动球,来练习成人引导的轮流交替。
10:30—11:10	室内工作室和探究(示例) 探索刺激(新引入的物品(如图片、树叶),以激发孩子的兴趣和对话,发展项目工作,戏剧游戏,积木,感官工作台,橡皮泥,艺术,或进行球画。孩子们可以尝试的绘画方法是:把彩球蘸上颜料,然后放在纸板箱的顶部,接着移动纸板箱的顶部,滚动彩球,在纸上画出图案。
11:10—11:15	清理/喝水时间
11:15—11:30	洗漱/图书时间 阅读玛丽·沙利文的《球》,这是一个关于一只狗独自玩接球,做着关于球和接球的梦的故事。
11:30—12:00	午餐
12:00—12:05	孩子为午睡时间做准备 帮助孩子脱下鞋子,准备休息
12:05—2:00	午睡和休息时间
2:05—2:15	午睡/洗手间/过渡到点心 帮助孩子穿上鞋子,准备吃点心
2:15—2:30	点心时间
2:30—3:15	户外工作和探究 继续用更大的球和桶练习投掷

续表

3:15—4:00	室内工作和探究 坡道可供孩子们尝试滚球,讨论"快"和"慢"的概念
4:00—4:10	清洁/洗手/换尿布/洗漱
4:10—4:30	多彩活动 多彩活动将每天变化。它们可能包括音乐活动、艺术活动、识字活动等,请参阅张贴的教案。在弹球或敲打气球的时候唱凯蒂·库蒂儿童电视台的"球歌"(注意防范乳胶过敏)。
4:45—5:15	餐桌活动/点心/准备回家

八、促进汤米、米格尔和西蒙的大脑发育

由于幼儿时期是大脑突触连接增长最快的时期,这一年龄段儿童的教育者和家长有很大的机会,通过提供积极而广泛的活动来促进这种增长。成年人经常会说,蹒跚学步的孩子是多么快地学会了他们接触到的想法和行为(有时包括那些成年人不希望他们学习的想法和行为)。幼儿也开始通过其注意力的长度和对此类活动的享受,来显示其活动偏好。因此,汤米、米格尔和西蒙将受益于教育者对以下建议的关注。

汤米:汤米似乎处于"试水"的阶段,以获得自己的控制能力,这对蹒跚学步的孩子来说并不罕见。他可以探索自己的优势、经验和能力的界限,以了解自己和他周围的世界,包括他的家庭。因为这些尝试,他可能会通过一些消极的、有点攻击性的行为来表达自己的沮丧,比如尖叫、哭

泣和扔玩具。家长应该充分认识到他有限和不成熟的语言沟通技能,用坚定具体的指导支持他以一种恰当的方式表达自己。

例如,父母可以不断地告诉他:"我知道你有多难过,但这对你来说不是一个好方法,你想要别的东西玩吗?那么,请让我看看你想玩什么,请不要那样扔这个玩具。"此外,父母应该查看他的每日时间表,以了解他午夜前不睡觉的原因。他可能需要更多的活动,更少的午睡时间,更多的营养食物,或者在他上床睡觉时更多的安慰支持。父母也应该把家里的灯调暗,给孩子提供一个安静的空间,直到他睡着。这种类型的互动将促进他的大脑发育,在某种程度上,他的需求通过父母或照顾者的帮助和回应得到满足。这也会鼓励他学会自我调节,以表达自己的感受和应对挑战。

米格尔:一天中持续地使用音乐活动,包括在过渡和唱歌活动中,将帮助米格尔音乐大脑的发育,并促进其"初级音乐发展"的能力,这是有节奏地唱一首歌曲并保持稳定节拍的能力(参见吉尔马丁和列维诺维茨,2009)。随着教育工作者继续通过乐器、舞蹈、拍手和其他有节奏的大型运动来模拟"稳定的节拍",米格尔的大脑与节奏的联系将会增加。当他学会保持稳定的节拍时,他最终会学会更复杂的节拍。在孩子们能够模仿更复杂的节奏之前,他们必须能够保持稳定的节拍,所以这是非常重要的一步。类似地,通过模仿帮助米格尔学习匹配一个音调,这将有助于大脑与音调的连接的建立,他最终将能够唱出一"串"音调来(即唱出旋律或歌曲)。根据吉尔马丁和列维诺维茨(2009)的说法,音乐活动有助于执行功能的发展,长期如一的坚持是非常重要的。如果米格尔在他蹒跚学步和学前班的时候继续坚持下去,他的大脑的音乐的连接将会变得强大，并将转化为其他类型学习的优势。

西蒙：为西蒙提供合适的位置设备，对于帮助他最大限度地发挥学习潜力至关重要。当西蒙的躯干得到很好的支撑时，他就能更好地用手探索材料。把他放在与同伴平视的位置也是为了发展他的社交能力。他应该每天轮流坐在地板上、桌子旁和站着，以便与参与课堂活动的同龄人在一起。教师应注意为他固定材料（如画画时的纸，吃饭时的碗，玩耍时的玩具），以帮助他与材料互动。这些策略有助于西蒙在幼儿课堂上发挥主动性，并防止继发性残疾的出现，如由位置不佳导致的骨骼问题，由缺乏材料经验导致的精细运动技能差，以及由缺乏与同龄人互动的机会导致的社交技能差等。

九、讨论问题

1. 汤米的父母可以通过哪些方式与他进行更专注的互动，了解他对玩耍的兴趣？
2. 如果米格尔的老师不认为自己的音乐能力很棒，这是否可以成为忽视课堂音乐发展的理由呢？
3. 教师如何鼓励西蒙在使用位置设备时与各种材料互动？
4. 教师如何促进西蒙和他的同学之间的同伴互动？

十、进一步阅读的建议

Bankston, J., & DiCarlo, C. (2020). Building self-esteem in toddlers: The socio-cultural context. *Early Years*, 40(1), 26 – 28.

Bergen, D., & Raver, S. (1999). Techniques for infants and toddlers who are at risk. In S. Raver, *Intervention strategies for infants and toddlers: A team approach* (2nd. ed., pp. 198 – 223). Upper Saddle River, NJ: Merrill.

第四章　在学前课程中促进大脑发育

一、杰西(Jesús)

杰西,一个4岁半的男孩,有西班牙语和英语的双语背景。他和妈妈、妹妹和哥哥住在一起;然而,他的父亲最近被驱逐出境。全家人两年前来到美国,据他的母亲说,他和他的家人渴望学习英语和美国的生活方式。杰西已经在国家资助的学前班学习了一年,但他的英语和西班牙语识字率还很低。尽管他被转介进行听力和语言病理学评估,并接受了几个月的治疗,但他的读写能力至今没有什么改善,甚至在母语方面也是如此。当接受英语指导时,他通常很安静,依靠说西班牙语的同伴来帮助他完成活动。此外,由于他在课堂上的攻击性行为,他与同伴的实际学习时间经常被缩短,这导致他被排除在活动之外。

二、鲁比(Ruby)

鲁比是一个3岁半的小女孩,平时在集体活动中非常安静,很多活动她也经常不参加,包括音乐活动。然而,当老师播放"跳跃"歌曲时,她确实开始站起来并移动,因为弹跳和跳跃是大多数孩子"自然"进行的活动,不需要他们决定如何做或者他们是否做得正确。在歌曲的大部分时间里,她跳来跳去,和同伴们一起参加了这个活动。这首歌也有助于锻炼她的大肌肉运动技能,有节奏的跳跃加强了保持大动作的"节拍"。即使鲁比没有意识到她正在进行体育锻炼,跳跃也能提供体育锻炼。对鲁比来说这很有趣,因为弹跳和跳跃感觉很自然。随着音乐活动在接下来的几周内继续进行,老师观察到学前课程中的鲁比正做出更多方面的尝试来回应其他活跃的运动歌曲,并且她在学前班的课堂上表现得更自在。

三、比利(Billy)

比利的母亲谢尔比(Shelby)很高兴她的儿子被附近儿童保育中心的3—4岁混龄班录取。她一直担心,因为比利被诊断患有唐氏综合征,而这可能会导致他不能去她的大儿子马克斯(Max)曾经去过的那家托儿所。3岁时,比利开始使用明白易懂的两个词的句子,并使用各种传统的手势来表达他的需求。他是一个随波逐流无忧无虑的孩子。他的大肌肉运动技能足够让他到达想去的地方,但在不平坦的路面上或者上楼梯时他仍然有点犹豫不安,并且还没有掌握如何骑踏板三轮车。他在抓握和如厕训练方面也有一些问题。谢尔比注意到,比利每天早上似乎总是很开心地走进教室,但每天下午当她去接他时,他似乎没有在做任何值得做的事情。虽然老师报告说他没有问题,但谢尔比担心比利只是"闲逛",因为他没有行为问题,他可能没有得到他需要的关注。她知道早期干预对比利的发展很重要,但她担心发展其他重要的技能可能会以牺牲社交互动为代价。

四、学前儿童的大脑发育回顾

在规划学前课程时,重要的是考虑学前儿童的大脑发育是如何发生的。表 4.1 回顾了学前阶段儿童的大脑发育信息。

表 4.1　学前阶段儿童的大脑发育回顾

- 在学前阶段,大脑的通讯系统快速发展,神经元连接(突触形成)的发生非常迅速。
- 学前儿童的大脑非常活跃,葡萄糖利用的代谢率是正常成人水平的两倍。
- 神经元网络的髓鞘化(用绝缘鞘覆盖神经元网络)也提高了大脑的反应速度。
- 大脑的精细和大肌肉运动群、感觉和语言区域正在发生细化,这些感觉运动——颞叶,顶叶区血流量较高。
- 额叶区域快速增长,调节着计划新行动的能力。
- 额叶发育促进了对学习的地点和时间(源记忆)的认知,并提高了他们规范新行动计划的能力。
- 学前儿童需要激活许多大脑区域来完成认知任务。
- 当他们学习各种技能时,他们的注意力网络得到加强。例如,通过音乐训练,他们可能会获得听觉选择性注意。

续表

- 他们广泛和精心制作的模拟游戏增强了"心理理论",并加强了与认知、语言和社会发展相关的突触网络。
- 因为学前大脑发育是一个强调大脑发育和成熟的动态行动时期,儿童将受益于更为广泛的积极促进生长的经历。
- 在以后的年龄阶段,这种大脑"结构"将被修剪,变得更加专门化。
- 大脑在这个年龄阶段发展的经验联系越多,最初和后期的修剪过程就会越丰富,幼儿就会越有能力。

五、学前教育阶段的课程重点

尽管许多家庭确实提供了丰富的环境来促进学前儿童的大脑发育,但也有许多家庭的孩子来自没有提供更多的大脑网络刺激体验的环境。例如,这些孩子可能在家里听不到复杂的语言,没有参观过图书馆或农场等有趣的地方,也没有乘坐公共汽车或飞机旅行,更没有去参加过音乐和艺术活动。一些环境甚至在儿童大脑的恐惧或愤怒中心诱发了更多的联系,扰乱了大脑发育。

因此,为学前儿童提供的经验,对于增强他们积极的大脑网络连接过程可能特别重要。涉及"全身"的体验仍然很重要,因为每一个动作和体验都可能强化身体、认知、社交和情感大脑区域的发展。

学前儿童应该有更多机会"自己动手!"在这个年龄阶段,对大脑发育特别重要的是参与以下活动的经历:

1. 学习用各种乐器制作音乐，随着不同的节奏"跳舞"，并用简单的歌词演唱歌曲。音乐体验"活跃"很重要。虽然听CD或视频上的歌曲没问题，但通过让孩子们跟着歌曲跳舞或通过唱熟悉的歌曲来模仿他们所知道的东西，可以将这项活动带入"下一步"。

2. 在许多游戏体验、任务或活动中与其他孩子互动。

3. 由老师和孩子们一起"阅读"书籍（简单的故事和图片是孩子"阅读"的理想选择）。

4. 练习运动技能，以帮助他们获得自信和"专业"表现（例如，从坚固的平台上跳下，攀爬安全的结构，蹬三轮自行车；用剪刀剪东西）。

5. 以多种不同方式使用的玩具和材料（例如拼图、不同类型的积木、橡皮泥）进行精心制作的实物游戏。

6. 使用各种各样的"假装"材料（例如，复制工人类型的衣服；花哨、漂亮的材料；家庭和工作复制品）。

7. 开展"帮手"活动，让儿童为老师或其他儿童做任务（例如，打扫卫生；清理桌子）。

在学前阶段，许多课堂活动应该建立在孩子的独立性和不断增长的能力的基础上，成年人应该在整个学年中提供这种"成长空间"。由于学前儿童有广泛的成长技能，所以他们的经历应该有助于他们对自己的能力以及自己的游戏和学习的主动性和想法建立信心。幼儿教师应该特别注意个别孩子的兴趣和能力，并计划让所有孩子都感受到挑战和成功的选择。对于幼儿教育工作者来说，忽略关于大脑增强的"伪知识"尤其重要，比如使用被认为是为"右脑或左脑"活动设计的课程，或者专注于儿童假设的学习方式。教育工作者需要让孩子的"全脑"参与到丰富的学习中，让幼儿有机会获得多种多样、有趣的体验，以激发他们的大脑实现最佳发育。提供有趣且具有适当挑战性的课程活动的幼儿教育工作者，在促进所有学前儿童的大脑健康发育方面发挥着非常重要的作用。

以下部分提供了一个可能有助于学前儿童大脑发育的课程活动案例。当然，还有许多其他活动也可能与这一发展相关。以下所涉及的发展领域使用美国幼儿教育协会的标准。

六、课程活动案例（可适用于幼儿园大班或小学低年级儿童）

关于我的身体的一切

领域：语言发展：使用身体部位名称

早期识字：与身体部位相关的表达性语言

社交/情感发展：自我意识；自我比较自己和他人的特点

步骤：老师通过提问来引导话题，听孩子说，以收集学生以前对自己和身体的知识："你有什么特别之处？""你的哪些部分与其他部分不同或相似？"然后老师用每个部位的图片介绍身体部位的词汇，并询问学生是否知道那个身体部位的名字。老师可以用西班牙语和英语准备可供添加的颜色和其他形容词（例如，大、小、长和短）。然后老师可以在黑板上放一张图片，并在旁边写下英语和西班牙语单词。当介绍完所有的单词之后,老师要鼓励孩子们识别与身体相关的单词(用特定的词汇来描述各个部位),然后全班共同阅读一本关于身体部位和自我的书(如帕蒂·洛弗尔的《挺起胸膛,莫莉·卢·梅隆》(*Stand Tall, Molly Lou Melon*);艾莉亚·佐贝尔·诺兰的《我喜欢我的什么》(*What I Like About Me*);卡伦·博蒙特的《我喜欢我自己!》(*I Like Myself!*));鼓励学生就故事提出问题。最后,孩子们可以在绘画或游戏中创造自己。完成后,老师通过拍照、记笔记或采访的方式来记录他们所做的事情。

改进:对于语言表达有障碍的儿童,可以借助语音输出设备和单词一起帮助他们参与讨论和讲故事。对于精细运动有困难的儿童,可以用胶带固定纸张。使用升高的表面可以帮助姿势不稳的儿童(例如,使用7.6厘米的活页夹创建一个倾斜的表面)。制作一些较厚的书写工具或泡沫把手(例如,管道绝缘材料或泡沫卷发棒)可以帮助儿童抓握。

用数学制作冻糕

领域:早期数学:识别、复制和扩展模式

　　　社会/情感发展:发展积极的自我认同和归属感;描述感受

步骤:老师将演示如何用两种不同口味的酸奶、两种不同的水果丁和即食麦片或葡萄坚果麦片分层制作点心冻糕。老师演

示后,孩子们将有机会获得食物,并被引导按照老师演示的模式或通过创建自己的模式来制作自己的冻糕。孩子们可以按照老师的模式,也可以在创作之前在纸上规划他们的模式。在享用零食之前,孩子们会被要求分享他们的模式。

改进:成人可以使用图片提示来提供逐步说明,以帮助儿童在成人展示活动后完成多步动作。

漂浮的围巾

领域:身体发育:身体意识;精细和粗大的运动技能

创意表达/艺术欣赏:对节奏和节拍的理解

步骤:围巾让孩子们在跳舞和移动的同时自由地"创造"自己的乐趣,不需要真正的指导。这种自由是很重要的,即使是有特殊需要的孩子或通常矜持的孩子也会找到与围巾有关的"事情"或以某种方式移动。围巾通常会给人一些信心,让他们从焦虑和害怕的情绪中解脱出来,在群体中活动并表达自己的情绪。老师还可以让围巾随着节拍"跳舞",并示范移动围巾的方式,如大圆圈、上下、面向孩子并随着歌曲的节拍玩"躲猫猫",将围巾抛向空中并试图抓住它们。使用不同类型的音乐,有些鼓励更快的动作,有些鼓励更慢的动作。

当歌曲结束时,老师可以告诉孩子们将脸藏到围巾后面,或者只是模仿歌曲,然后尽可能长时间地在歌曲的音高上唱"peek-aaaaaaaaaa-"然后说"嘘!"让孩子们把围巾捏得越小越好,把它们藏起来。老师还可以弯下腰把脸藏起来(让孩子们也这样做),做同样的活动,但是在"嘘"上,回来把围巾扔向空中!围巾应该足够小,便于儿童拿取,不要大于 72 cm×72 cm,并由尼龙或雪纺等轻质材料制成。但是,品种要包括不同的颜色的围巾和混色围巾。

改进:对于抓握困难的孩子,可以在围巾的末端缝上发带,把围巾戴在孩子的手腕上。对于运动能力有限的儿童,可以在儿童面前放置一个由开关控制的带有飘带的风扇,让他们在音乐播放时可以关闭或打开风扇。

关爱花园

领域:科学:运用科学探究;获取与生命科学相关的特定知识(生物的属性)

早期数学:理解表示数字的方式以及数字和数量之间的关系

步骤:教师阅读《种子需要什么?》(*What Does a Seed Need*?),由利兹·古利特·杜布瓦撰写,开始讨论关于植物需要生长的条件。然后老师带领孩子们将小植物种植到花盆中,并描述孩子们照顾植物需要做的工作(例如,每天浇水,将它们移到阳光下)。老师用量杯,指导孩子们拿四勺泥土装满他们的盆,把植物放进去,压下土壤,然后用一小杯水浇水。她确定了植物的四个主要部分(根、茎、叶、种子),并鼓励孩子们在讨论时轻轻地触摸每个部分。当孩子们完成种植时,老师会带领孩子们重温这本书,提醒孩子们植物需要生长什么(例如阳光、水),并演示如何用尺子测量他们的植物的大小并记录它的大小。孩子们将每周用尺子记录他们植物的大小,并将数字写在图表上。

改进:对于有注意力缺陷的儿童,可以使用图表来排列活动中的事件,或与故事相对应,从而使儿童表现出理解能力。

生日派对

领域:认知发展:选择一个多步骤任务并自行完成

　　　　早期识字:通过书面表达、符号和字母来熟悉书写工具、惯例和沟通技巧

步骤:老师将在戏剧表演区为孩子们准备一些道具,以举办生日派对,包括一本关于生日派对的绘本。孩子们将在各种与生日聚会相关的任务中进行选择,比如写请柬、烤蛋糕、装饰区域、包装礼物和唱生日快乐歌。如果有多个孩子有兴趣参与,孩子可以决定各自将扮演的角色,包括生日男孩/女孩、妈妈/爸爸、派对策划人等。

改进:对于延迟模仿有困难的孩子,可以使用预先录制的视频来演示一个简短的游戏规划,使用教室中可用的材料进行生日聚会计划。这段视频应该很短(1—2分钟),并且在孩子们进入戏剧中心之前播放,在那里他们可以获得材料(参见 Bellini 和 Akullian, 2007 年的综述)。

从事积极的音乐

领域：创意表达/艺术欣赏：音乐和歌曲创作

　　语言发展：获得词汇和声音辨别力

　　身体发育：全身主动运动

　　认知发展：增加概念理解

步骤：教师在课堂上最重要的事情之一是"儿童主动地"参与音乐，而不仅仅是让孩子被动地吸收音乐。重要的是提供"有事可做"的参与感而不仅仅是观看或聆听。通常情况下，教师们觉得最舒服的方式是开始更有效地使用音乐，以新的方式呈现孩子们已经知道的歌曲。虽然引入"标准"以外的歌曲很必要，但将儿童的"标准"演变成参与式歌曲，可能是教师开始全天"音乐化"的好方法。一个例子是"松饼人（Muffin Man）"的歌，可以变成"松饼人混搭（Muffin Man Mix-Up）！"用传统方式唱完之后，询问孩子早餐吃了什么或者他们最喜欢的食物。老师可以想出歌曲中的"答案"，但通常孩子会根据自己发展水平想出点子。它不一定要"有意义"。一些可能的反应是：

你知道苹果人，苹果人，苹果人吗？

你认识卖苹果的人吗？

苹果人住在哪里？他住在果园巷！

另一个孩子可能会说，意大利面！

你知道意大利面人，意大利面人，意大利面人吗？

你认识那个做意大利面的人吗?

意大利面人住在哪里?他住在意大利!!!或者在意大利面巷……或者在意大利面屋……在番茄酱巷!

这些想法一直延续下去。就拿第一首唱吧!然后继续,给任何想参与的孩子一个补充的机会。如果他们不选择参加音乐活动,他们仍然在用大脑工作。音乐活动的"参与"也是可以通过观察和倾听来完成的。

改进:对于可能是非语言的孩子,老师可以用两个骰子,每个骰子都有图片提示与单词配对(每个骰子总共六个单词)。一个为食物,另一个为街道名。当轮到目标孩子说出某个名字时,孩子可以掷骰子参与歌曲。

创建和参与运动迷宫

领域:身体发育:上半身和/或下半身的大肌肉控制和运动协调

语言发展:学习解读符号方向

社会研究:确定工人及其在社区中作为公民的角色

步骤:孩子们将使用粉笔和其他户外道具为骑行玩具创建迷宫。儿童可以用粉笔在混凝土上画出道路,作为骑行玩具的道路。各种标志(例如,指示交通方向的标志、停车标志、让行标志、停车灯)来指挥交通,而儿童则使用各种大的运动技能来骑三轮车、滑板车、摇摆汽车、跳蹦床或推婴儿车。孩子会制定规则并分配角色(例如,交通警察、路口警卫、妈妈/爸爸),包括给路边或走错路的司机开罚单。

改进:有运动障碍的儿童可以使用带有安全带和臀部束缚带的改装骑乘汽车或自行车,以便在障碍跑道上骑行时保持正确的姿势。老师可以按照孩子们的指示"停"和"走",帮助孩子完成课程。语音输出设备可以用于向语言障碍儿童表达这些语言命令。

创造视觉艺术

领域:创意表达/艺术欣赏:欣赏视觉艺术,创造来自不同文化的各种形式的视觉艺术

社会/情感发展:获得积极的自我认同、归属感;描述自我、特征、喜好、想法和感受

步骤:孩子们会读一本关于梵高的作品的书;老师将在教室里提供几幅他的作品作为灵感作品。孩子们可以使用各种各样的颜料和画笔来诠释梵高画作的风格。让孩子们说出他们喜欢的梵高画作的特征,并向全班描述他们的画作。

改进:纸可以贴在墙上,让孩子在画画时可以站立。身体残疾的儿童可以使用站立架在墙上作画。

随音乐跳跃

领域:身体发育:大肌肉的身体控制

创意表达/艺术欣赏:节奏发展

认知发展：遵循细微的方向

步骤：大肌肉运动技能需要全身运动并涉及身体大肌肉的技能。当播放一首活泼的歌曲时，即使没有方向，一般3岁的孩子也有双脚并拢原地跳跃的技能。每当音乐停止时，孩子们也停止跳跃。当音乐再次响起时，孩子们会继续跳跃。只要老师保持"跳跃节拍"，用上半身弹跳，就不需要做极端的跳跃动作。教师可以自行决定修改自己的大动作活动，他们的动作不需要像孩子们的运动一样活跃和精确。只要孩子看到老师以某种方式微笑、唱歌和"移动"，他们就会喜欢跳跃。年龄较大的学前儿童通常能够在提示时做出跳跃或停止的动作。

改进：对于有运动障碍的儿童，可以适当修改这个活动，让儿童坐着跺脚或轻敲桌子。

社区散步

领域：科学发展：环境知识；分类；记忆

社会/情感发展：遵循复杂的社会规则；对其他参与者的关注

身体发育：大运动强度和耐力；小运动技能

步骤：在散步之前，老师会让孩子们思考如果他们在幼儿园附近散步，他们可能会看到什么。（注意：这样的散步旅行，对于有些社区来说可能太危险了，但是即使幼儿园位于较旧地方的或城市的街区，大多数幼儿园依然可以进行这项活动。）在问了

"如果我们在附近散步,你认为我们会看到什么?"之后,老师会列出孩子们说出的东西(即使有些不实用)。然后小组会查看清单,孩子们可以边走边想他们可能在寻找的东西。在确保安全(牵手、结伴行走、跟着老师走等)后,小组将进行散步。在走路时,孩子们可以大声说出他们看到的东西,并努力记住以后要谈论的物体。孩子们可以识别自然和人造物体或场景。虽然有些物体或场景可能不"适合孩子",但如果它们是孩子所在社区的一部分,则可以被谈论。当孩子们返回时,他们可以画画或编故事讲述他们所看到的。(谈论奇怪或可怕的事情有助于他们变得更勇敢。)

社区散步的替代方法如下:

1. 每次 4—6 个孩子在不同的日子散步,并向全班报告他们看到的情况。

2. 整个班可以去公园散步。

3. 整个班可以在学校操场上散步。

4. 整个班可以进行一次真正的"实地考察",去一个公园、农场或其他场所。

重要的一点是,孩子们将使用他们的观察技能来识别他们所处环境的特征,并能够谈论这些特征。良好的观察技能对每个人来说都是必不可少的,这样的活动对于激活大脑网络很重要。

改进:有肢体残疾的孩子可以乘坐旅行车(或轮椅)参加"步

行"。可以将图片提示添加到列表中,以帮助孩子们在走路时"阅读"列表。

学习日历和月份

领域:早期数学:绘制生日日期

创意表达/艺术欣赏:发现/观察视觉模式

步骤:在时间环节(circle time),老师将通过告诉孩子们她的生日月份作为例子,来引入学习一年中月份的主题。然后老师会问孩子是几月出生的(如果他们不知道,老师可以根据学校的家庭/孩子信息告诉他们)。老师准备了带有几个小磁铁月份的图表,以直观地展示演示,并鼓励孩子们在图表上放一个磁铁在他们的月份上。老师问孩子们是否能在图表中找到任何"模式"——在这种情况下,他们能更经常地看到一个月或几个月——或者为什么看不到任何模式。

改进:老师可以用一个有对应竖线数字的图形和孩子的小照片。当这些被绘制成图表时,孩子们将很容易计算出每列有多少张照片。

后续活动:4人或5人一组,孩子们会在桌子上翻看杂志、报纸和广告,并选择任何能提醒他们生日或生日月份的图片、照片、单词和数字。然后他们会剪下选择的部分,粘在彩纸上。孩子们会告诉他们为什么选择特定的物体、单词或数字,老师会确保他们的每个故事都是不同的,这取决于每个孩子的家庭和经历,尽管他们的出生月份可能是相同的。该班稍后将重新查看图表,将出生月份和孩子的生日日期联系起来,并将他们的作品放在台阶上,为每个孩子创建一个特殊的设计。这些可以放在他们的教室里,或者孩子们可以把它们带回家。

使用节奏棒

领域:身体发育:学习身体控制;活跃的运动模式

创意表达/艺术欣赏:观察口语模式;获得听力和歌唱技巧

表 4.2 节奏棒保持"节拍"的方法

1. 轻轻拍打身体部位,如膝盖、头部、腹部。
2. 在地板上,像"火车"一样随着节拍来回移动他们。
3. 在空中,纵横交错,带着节奏,在天空中"开飞机"。
4. 演奏各种"模拟"乐器,如鼓或小提琴。
5. 让木棒"去散散步"或"跑一跑"(取决于节拍的速度)。
6. 用实际的"声音"来配合节拍,比如"啾啾,啾啾,啾啾"。

步骤:学前儿童使用节奏棒,除了节奏之外,还能强化几项技能。老师通过用节奏棒以各种方式(一起击打、击打地板或桌子)进行稳定的击打来建立一种模式,这些方式可以是有趣的、很傻很好玩的。对于学前儿童来说,最好是建立一个稳定的节拍模式,而不是更复杂的节拍模式,因为在孩子能够保持稳定的节拍之前,更复杂的节拍模式将会非常困难。幼儿通过看、听和感受节拍来学习节奏。

　　这项活动也加强了听力技巧。然而,如果年龄较小的学前儿童没有像老师那样使用棍子,只要是安全的,就允许他们用棍子探索。使用节奏棒的方法有很多,随着活动的进行,大龄学前儿童可以给出自己的想法。

　　帮助孩子学会保持稳定的节拍,让他们能够随着年龄的增长学习更复杂的节拍。在5岁之前培养稳定的节奏的大脑连接是最重要的。节奏棒也可以用于幼儿,但对于更小的幼儿来说,使用更短的棒子尤其重要,例如8英寸长的棒,而不是传统的10—12英寸的棒。表4.2给出了各种节奏棒使用方法的建议。

改进:对于节拍感较弱的幼儿,可以提供响度更强的鼓槌以增强其听觉反馈。

观察和触摸鱼类

领域:科学:学习动物部位;观察差异;实践科学探索

　　　语言发展:听力和使用新词汇

步骤:这项活动需要一条大的完整的鱼(或两条较小的),应该放在冰箱里至少3天,以确保其冷冻牢固。活动前,老师会给孩子们阅读一些关于鱼的书籍[如《一条鱼,两条鱼》(*One Fish, Two Fish*)或一本关于鱼的儿童科普书]。然后鱼会被放在科学桌上的防水盘子里,老师会说:"在接下来的几天里,我们将有一条冷冻鱼(如果知道物种,可以使用实际名称:鳕鱼、鲑鱼),欢迎你看着鱼,温柔地探索鱼的各个部分。"在孩子们可以辨认出鱼的各个部分、探索了鱼的特征后他们可以画出鱼的图片。如果一个成年人(也许是父母志愿者)能坐在那张桌子旁,和孩子们谈论他们正在探索的鱼,那将是最好的。每天,在观察鱼大约1小时后,应该把它放回冰箱。有了这种策略,这条鱼应该至少有一周的时间可供探索。孩子们真的被这项活动迷住了,它让他们可以安全地观察一种他们不容易观察到的动物。因为幼儿通过感官体验学到了很多东西,所以像这样的实际体验比在书中阅读关于鱼的内容促进了更丰富的大脑联系。这种积极经历使孩子们获得了情境化的知识,阅读关于鱼的书籍使孩子们获得了理论的知识,而"鱼"这个名字就是符号性的知识。

改进:对于感觉厌恶的儿童,可以让他们戴上手套,让他们既可以通过触摸体验鱼,又不会感觉到鱼的表面纹理。

寻宝

领域:社会研究:创建一个地区的地图;使用地图寻找特定位置

社会/情感发展:与同伴合作

科学:解决实际问题

步骤:孩子们将被要求绘制一幅他们教室或操场区域的地图。

老师会使用地图提供方向(例如,从幻灯片的前面向右走三步),带领一小群孩子到先前隐藏的"宝藏"。老师会帮助一组孩子们把宝藏藏起来,并在地图上标出方向,让另一组孩子去找。

说出情感

领域:社交/情感发展:识别并准确标注对自我和他人的感受

　　语言发展:参与协作对话

　　创意表达/艺术欣赏:通过面部表情和肢体语言表达不同的情感

步骤:孩子们将轮流站在小组前面,展示从一副情绪卡片中选择的"情绪"(例如,高兴、悲伤、疯狂、害怕、惊讶),而其他孩子要说出这种情绪的名字。一旦孩子猜出了正确的情绪,老师就可以引导讨论什么情况可能会让某人有这种感觉,并提出一些策略,当我们感觉到一种特定的情绪让我们担心或害怕时,我们就可以使用这些策略。猜中正确情绪的孩子将会成为下一个表演情绪的人,游戏继续。

游行中的动物

领域:身体发育:表演各种大肌肉运动动作

　　社会/情绪发展:观点采择/模仿

步骤:老师宣布全班将进行一个"跟随领队动物风格"的游戏,

每个孩子挑选一张描绘动物的卡片,并跟随被选为"队长"的孩子在操场上像卡片上的动物一样行走。领队宣布"交换!"后移动到队伍的后面,所有的孩子把他们的动物卡片给他们后面的人,并采用新"领队"动物的行走方式。然后新"领队"在操场上移动,游戏继续。还可以设置障碍课程,使活动更具挑战性,或者要求儿童模仿所选动物的叫声。

七、规划学前儿童的一天

有时,幼儿教育工作者受制于一个特殊的时间表,以至于他们认为自己无法将更多样、更具挑战性的活动纳入日常教育计划。然而,大脑发育的一个重要方面是,如果想要儿童的大脑具有丰富的神经元连接,那么提供不断变化的活动以及社会和心理挑战是至关重要的。表4.3包含了一个日常计划的例子,它展示了如何在学前儿童的一天里将有趣和有挑战性的活动结合起来。

表4.3 学前班时间表

7:15—8:00	到校/餐桌活动
8:00—8:30	晨间唤醒
8:30—9:15	家庭式早餐供应,音乐和运动
9:15—10:15	户外调查,使用相机、图纸、描述等记录花园中发现的虫子

续表

10:15—10:30	晨会讨论： • 如何以及在哪里找到虫子 为教室里的虫子准备环境： • 昆虫的特征 • 昆虫如何帮助我们
10:30—11:15	室内探究 探索被剖开的花的结构表；用天然材料创造曼陀罗；自然拼贴
11:15—11:30	识字环节 孩子选择的书：《在花园里》；《好饿好饿的毛毛虫》；《有一个老太太吞下了一些虫子》；《非常安静的蟋蟀》；《虫子，虫子，虫子》
11:30—12:15	午餐
12:15—2:15	午睡/休息时间
2:15—2:30	零食
2:30—4:00	室内探究 植物组成；草药拓片；压花；制作花卡片
4:00—5:15	户外探究 挖掘泥土，打造新花园；种植葵花籽/寻找虫子；带上放大镜和捕虫箱

八、促进杰西、鲁比和比利大脑发育

学前时期标志着大脑交流系统的快速发展和自我调节能力的增强。在学前，儿童表现出更高的社会性和符号认知；然而，他们仍然需要帮助来完成一些认知任务，尤其是那些在家里不熟悉的任务。

因此，学前儿童受益于接触各种各样促进成长的经历。学前课程的重点应该是基于游戏的活动,这些活动提供了解决各种发展领域的机会。养育者应该在活动中给儿童选择,以增强儿童的控制感。例如,幼儿园可以为杰西提供与他在家庭环境中可能遇到的不同的各种经历,尤其是在与语言成长和理解相关的领域。如果他的老师同时使用母语和英语,他的大脑的有关这两种语言的能力会得到强化,他大脑的语言中心将会变得更加复杂。

虽然鲁比没有语言问题,但她在参与社交和主动体验时犹豫不决,要么是因为害羞,要么是因为家庭环境中的学习限制。当她在群体环境中使用身体并遵循运动方向时,能够"放手"并积极使用身体会促进其大脑生理、社交和认知路径的扩展。许多儿童在家庭环境中受到限制,无法使用全部身体技能。

像比利这样的孩子也可以通过学前项目的经历,建立丰富的大脑链接。通过参与有趣的活动,比利将刺激他的大脑有效运转。调整活动方式以便这些特殊儿童能够充分参与是非常重要的。

此外,对于杰西、鲁比和比利来说,对幼儿园其他孩子对各种活动的反应的观察,也可以促进他们的大脑联系发展,并为他们提供可以促进大脑发育的行为模式。大脑是通过观察和行动生长的。

九、讨论问题

1. 考虑到杰西的语言需求,你将如何修改上述的一项活动?解释这种改变如何促进他的大脑发育。

2. 你如何确保比利从上述活动中获得有意义的学习,而不仅仅是"闲逛"?对比利来说,还有什么其他的合适的方法可以帮助他的大脑发育?

3. 为什么对于鲁比来说,随着音乐的身体摆动似乎是参与团体活动的一个很好的切入点?建议她参加其他可能促进大脑发育的"入门型"的活动。

4. 想想学前儿童课程书中建议的一些典型活动。选择其中两个,并根据它们提供的大脑发育活动进行分析。如果你看到一项活动似乎不能很好地促进学前儿童的大脑发育,请尝试解释为什么它可能不适合学前儿童。

十、进一步阅读的建议

Bergen, D. (2015). Play as a method of assessing young children's learning and development: Past, present, future. In O. Saracho & B. Spodek (Eds.), *Contemporary perspectives on assessment and evaluation in early childhood education* (pp. 221 – 246). Charlotte, NC: Information Age.

DiCarlo, C. F., Baumgartner, J. J., Stephens, A., & Pierce, S. H. (2013). Using structured choice to increase child engagement in low-preference centres. *Early Child Development & Care*, 183(1), 109 – 124.

Lee, L. (2019). When technology met real-life experiences: Science curriculum project with technology for low-income Latino preschoolers. In N. Kucirkova, J. Rowsell, & G. Falloon (Eds.), *International handbook of learning with technology in early childhood theory and method* (pp. 338 – 348). New York, NY: Routledge.

Lee, L., & Tu, X. (2016). Digital media for low-income preschoolers' effective science learning: A case study of iPads with a social development approach. *Computer in the Schools*, 33(4), 1-14.

Miss Gail and the Jumpin' Jam Band's Active Music, Active Bodies, Active Brains CD is available at http://missgailmusic.com under OUR MUSIC and also on streaming music platforms such as Spotify, Apple, and Amazon Music.

第五章　在幼儿园大班及小学低年级课程中促进大脑发育

一、艾登（Eden）

7岁的艾登拖着脚在操场上走来走去，看着地面。在他附近有几个孩子在踢球，还有一群女孩挤在台阶上，轮流玩跳绳。艾登通常待在操场的外围，他停下来和值班老师说："让我告诉你，我所知道的关于冥王星的一切。冥王星距离地球75亿公里，到达那里需要9.5年，如果我现在出发，当到达那里时，都快18岁了。但是我不会去，因为冥王星不是一颗真正的行星。"西蒙斯夫人微笑着回应道："我听说了……"还没等她说完，艾登就把手挡到她面前，转身走开了。这种对话方式是艾登与他人的互动的常态，而他的同龄人很难接受。西蒙斯夫人跟他的班主任讲了她遇到艾登的事，两位老师也在寻找各种办法，帮助艾登能更好融入同龄人中去。就艾登不善于与他人交流等问题，他们决定寻求特殊教育老师的建议与帮助。

二、玛格丽特(Maigret)

　　玛格丽特上幼儿园时是一个活泼开朗的孩子,有着很好的社交能力,很喜欢角色扮演游戏。她会经常和几个看起来关系不错的朋友,一起参与精心设计的游戏场景。但是,自从玛格丽特上小学后,她就变得不一样了,她很少与人交流,也不做作业,而且经常旷课。她的老师布兰德夫人,曾试图跟她的家人沟通,当她拨打档案中的手机号码时,一名男子自称是玛格丽特父亲的男人接了电话。当他很快听布兰德夫人说完后,他告诉布兰德夫人玛格丽特的母亲不能接电话。上周一,布兰德夫人注意到,玛格丽特走进教室时一瘸一拐的,她的手臂看上去十分虚弱以至于都无法挂上外套。布兰德夫人问玛格丽特她是否生病了时,尽管玛格丽特的神色很惊恐害怕,但她还是说"没有"。另外,玛格丽特几乎没有参加那天的班级活动,好像她脑子里有太多的痛苦,让她无法专注于其他事情。布兰德夫人想知道玛格丽特的家庭是否遭遇了重大的经济困难,或者她是否遇到了来自家人或其他人的某种类型的忽视或虐待,她决定请学校辅导员和玛格丽特谈谈,看看辅导员是否需要采取一些行动。

三、英(Ying)

英一直是一个优秀的三年级学生,学习成绩很突出。她的老师布鲁特先生正计划推荐她加入天才教育小组。从4岁起,英就开始上钢琴课,她的父母非常"支持"(如果不是强制要求的话)她专注练习,专注于完美的表演。相较于她这个年龄的其他孩子来说,英有着非凡的音乐天赋,但同时她也是一个非常喜欢交朋友,喜欢玩游戏(尤其是计算机生成的数学游戏)的孩子,她的口头表达能力也非常出色。但是,布鲁特注意到,英有时会在学校"崩溃",尤其是当其他孩子与她意见相左的时候。因为担心英过早感到"倦怠",布鲁特跟英的父母讨论了她日程安排的紧张性,建议他们让她劳逸结合,合理享受"休息时间"。然而,布鲁特也不确定他们是否重视他的建议。

四、幼儿园大班/小学低年级儿童的大脑发育回顾

在规划幼儿园大班/小学低年级课程时,最重要的是要考虑儿童在幼儿园大班/小学低年级阶段的大脑发育历程。表5.1回顾了幼儿园大

班/小学低年级儿童的大脑发育历程。

表 5.1　幼儿园大班/小学低年级儿童的大脑发育回顾

- 虽然突触的生成（神经网络的创建）在 5—8 岁期间仍在继续，但神经网络的修剪过程变得更加突出。
- 大约在 7 岁时，大脑额叶的突触密度达到最高。
- 随着修剪过程的发生，大脑功能所需的能量（以葡萄糖消耗量为衡量标准）逐渐下降；在做认知任务时，儿童激活的大脑区域比成年人更大。
- 反应速度、记忆策略、问题解决、运动协调、测试表现、元语言意识、自我效能知识和社交能力均有提高。
- 孩子们可以更专注于需要注意力和抑制冲动的任务。
- 初学者的大脑模式与学前儿童和年龄较大的阅读者都不同。
- 与意识到自己的精神体验有关的 P300 脑波在小学时期变得明显，其在青春期发展至程度和速度的最大化。
- 在皮亚杰（Piaget，1952）所称的"具体运算思维"时期，脑电波功能发生了变化，如果有具体的材料辅助，孩子们就会开始进行逻辑推理。
- 大脑结构和功能有了更多的细化，大脑变得更加个性化，这个年龄段的孩子表现出强烈探索的特殊兴趣。
- 正如维果茨基（Vygotsky，1978）所指出的，一个更正式的学习环境可能会使大脑的记忆功能开始更有效地运作。
- 6 岁时，孩子们的大脑发育存在个体差异，语音意识、词汇和数学能力在每个孩子身上都有所不同。
- 在这个年龄段开始的正式音乐训练，可以促进大脑听觉和运动区域的成熟和整合，以及提高音调的敏感性。
- 男性和女性大脑的一些差异（例如，女孩的海马体更大；男孩的杏仁核更大）可能开始变得明显，但这种差异与行为之间的关系尚不清楚。
- 随着关于什么行为适合男孩和女孩的社会信息越来越多，性别活动的差异也可能导致某些大脑发育模式的差异。
- 学习障碍和注意力缺陷障碍，可能与大脑成熟模式有关，通常在小学早期阶段被诊断出来。

五、幼儿园大班/小学低年级阶段的课程重点

这个年龄层次的孩子一般都获得了广泛而积极的经验，做好了在正式教育初始阶段取得成功的准备。然而，一群生长在不利于大脑发育环境的孩子，可能并不像班上的其他孩子一样，拥有丰富的大脑突触连接。课堂上，孩子们的经历是非常不同的，儿童的大脑发育也相当不同。作为教育者，必须了解所有儿童的经历与能力，以便能够在幼儿园大班/小学低年级期间，帮助孩子继续"发展大脑"。比如，有一些孩子有机会去别的国家或地区旅行，沉浸在良好的环境中（比如图书馆、博物馆、动物园、农场、机场），并有成年人陪他们一起玩游戏、读书和交流等，但其他孩子可能并没有这样的促进大脑发育的机会。

另外，许多小学不再开设单独的音乐课程，因此教师继续将音乐体验纳入课堂很重要。当然，可以对教师进行专门的音乐培训（如奥尔夫方法；参见 Sun，2017），让他们即使不喜欢音乐，也能有一定的音乐经验。例如，每天早上在孩子们到达时播放一首特定的"欢迎"歌曲，是个重要的放松方式。同样，在适当的时间播放安静的音乐，使用音乐来帮助各活动之间的过渡。借助音乐来学习特定的任务，以及播放"再见"歌曲，可以帮助孩子了解一天中所发生的事情。这些"有意义"的音乐对保持日常连续性来说是非常宝贵的，可以让老师更好地控制课堂。教师应

具备基本的音乐知识,了解音乐节拍稳定、音高匹配和唱歌合拍的重要性,而热情、欢乐和动画则可以在很大程度上让音乐变得有趣,帮助培养孩子们对音乐的热爱。

在这个年龄段,让孩子参与以下活动对大脑发育尤为重要:

1. 适当的音乐体验(例如,演唱音调足够高的歌曲,让孩子跟着唱,而不是只有老师觉得舒服的音调);听到来自不同国家的不同寻常的乐器/歌曲模式;接触简单的舞蹈模式,如踢踏舞,以及不同的节奏;和其他孩子一起唱"合唱团"的歌曲,其中的歌词和音乐性学习模式(这可能会也可能不会引发"表现");并在早期的小学课堂上使用许多简单的乐器,如录音机、尤克里里、木琴和律音管。

2. 持续的"创作时间"(如游戏时间)机会,儿童可以在其中选择使用的艺术媒体和绘画/绘画的主题,包括设计戏剧"布景"或参与立体布景或其他"小世界"的集体建设等活动。

3. 至少每周 4 次选择书籍进行快乐阅读和自由阅读的机会。

4. 教师参与时间短但有规律地阅读比年级水平更难的"经典"书籍(可能每天午饭后 10 分钟)。

5. 运动技能练习的机会要么在课间休息时,要么在健身房,要么在教室里(低年级的小学生需要"休息时间")。

6. 适当延长使用可用于多种不同用途的材料的时间(例如,较难的拼图、乐高积木或其他"桌子"积木、黏土和油漆)。

7. 创造"小世界"环境的机会(例如,其他国家的立体模型、历史时代或空间探索),包括微型房屋、汽车、建筑、动物和人,以及教室中的一个地方，"小世界"的创建可以是持续一段时间的工作。

8. 鼓励儿童发展幽默的氛围（例如，教师出的谜语以及教师被儿童的谜语"愚弄"并表现出对儿童其他幽默尝试的享受）。

9. 执行"帮助者"活动，由儿童为教师或其他儿童做任务（例如，打扫卫生、清洗桌子）。当然，到了幼儿园大班/小学低年级阶段，阅读、数学、科学、社会研究、艺术和音乐已经有了必须满足的标准要求，但这些课都应该被设计成涉及许多大脑发育领域的活动，而不应该只关注孩子对准备好的材料进行纸笔或电脑作答。

这个年龄阶段的大脑发育包括修剪不常用的突触连接和加强更常用的突触连接。因此，重要的是为个别儿童提供广泛的经验和机会，使他们成为他们特别感兴趣的某些类型经验的"专家"。这个年龄阶段大脑发展的目标是支持广泛的儿童能力发展，并帮助儿童磨炼他们自己选择的个人技能。因此，小学低年级教师应该特别注意个别孩子的兴趣和优势，让每个孩子都有机会在自己的特殊能力和兴趣领域强化大脑突触。

那些留在不利于他们大脑健康成长的环境中的幼儿园大班/小学低年级的儿童将继续需要特别的考虑，教育工作者通常需要特殊教育工作者和其他专业人员的帮助，以获取经验来促进他们的大脑发育。如果儿童碰巧生活在不利于大脑健康的环境中（例如，父母吸毒、贫穷、食物匮乏、虐待），他们可能需要继续接触要求较低或不同特征的经历。因此，对于幼儿园和小学教育工作者来说，特别重要的是要意识到这些孩子可能需要什么样的体验，并继续提供"动手""真实世界"和"游戏"活动。这可能需要更多支持的孩子能够继续丰富的大脑发育,并在学校环境中取得成功。虽然幼儿园大班/小学低年级阶段确实是大脑修剪开始的时期,但这个时期也可以通过给所有孩子丰富的大脑经历来继续促进更多的大脑突触发育。

前几章中给出的建议,即幼儿教育工作者拥有关于儿童大脑发育的正确知识的重要性,以及如何通过丰富的"全脑"互动体验来培养学术和其他类型的学习,在这个时期尤为重要。有时他们在正式的研讨会或培训班上向所学到的关于增强大脑的"伪知识"(例如,"右脑"或"左脑"/"学习方式")都应该被对正在发育的大脑的准确知识所取代。鼓励游戏性、创造力和自信的经历很重要,应当包括在课程和要求的标准中。

以下部分介绍了一个促进幼儿园大班/小学低年级儿童大脑发育的课程活动案例。当然,还有许多其他活动也可能与这一发展相关。所涉及的增长领域使用 NAEYC 标准。

六、课程活动案例(可适用于学前儿童)

选择我的学习计划

领域:早期识字:制定清单;阅读自选书籍

社会/情绪发展:自我监控行为;管理学习时间

步骤:至少每周一次,孩子们应该有一个"选择日"或"选择下午"(也许是周五下午),在这一天,他们可以选择他们希望首先、其次还是最后完成规定课程(如阅读、数学、科学、社会学习、写作、音乐/美术或其他创意活动)。每个孩子写一份那个时间段的简短"学习计划"和一份可选选项的"活动计划"(例如,玩游戏、读书、科学活动),他们可以在当天令人满意地完成要求的学习后进行活动。孩子们将遵循该计划,如果需要,还要在老师的监督和帮助下。

教师的角色包括观察每个孩子自我监控和完成任务、寻求所需的帮助、并尽快完成分配的学习任务,以便有时间进行自主选择的活动的能力。起初,孩子可能感觉完成这个程序有困难(尤其是如果他们从来没有机会为自己做计划的话)。然而,仅仅经过几节课,大多数孩子就会非常投入和有成效,老师可以把时间集中在那些似乎需要更多成人指导的孩子身上,以培养他们自我监控或自我调节的技能。自我监控是一项特别重要的大脑相关技能,这个年龄段的孩子开始有短时间和良好监督的机会来学习这项技能是非常重要的。

重复节奏游戏

领域:身体发育:运动/小肌肉节拍训练

　　语言发育:学习词汇

　　创意表达/艺术欣赏:学习节奏和声音模式

步骤:当孩子能够保持稳定的节拍并准备学习更复杂的节奏

时，这款游戏就能发挥作用。这款游戏扩展了前几章中提到的针对婴幼儿和学前儿童的活动，如摇动鸡蛋、鼓或其他类型的节奏乐器。在游戏中，每个孩子都应该有一个乐器，比如鼓、一对木棒或手鼓。老师模拟一个模式，还有一些词汇，这些词是随着演奏的乐器一起说的。一般来说，所设定的模式应符合四拍子的节奏模式。这是由老师选择的。许多老师会选择传统音符，比如四分音符选择 TA，八分音符选择 TI。

老师一边弹着乐器一边念 TA TA TI-TI TA，孩子们"复制"这个模式，和老师一起弹着念。然后老师说"停"！如果孩子们能重复这个模式，老师可以再做一个让他们尝试。随着学年的进行，在已经掌握了更简单的节奏的前提下，这些模式可以变得更加复杂。例如，可以演示其他模式，例如：

TA TI-TI TI-TI TA

或者老师可以把两个四拍子的模式放在一起，比如：

TA TI-TI TI-TI TA

TI-TI TA TI-TI-TA

词汇的加入也可以使学习变得更有创意，比如借助四分音符的 CAT 和八分音符的 KIT-TY，可以创造 CAT CAT KIT-TY CAT 这样的模式。在孩子熟悉基本模式并掌握后，老师可以让每个孩子轮流当领导者。这个活动在过渡期间非常有用，因为它可短可长，适合根据时间调整。

识别形状

领域：早期数学：识别形状

社会/情感发展：与同伴互动

社会研究：讨论熟悉的地方的意义和重要性

步骤：使用熟悉的地方的塑封照片，让孩子挑战在照片中找到形状，并使用马克笔将它们画在图片上。孩子们可以两人一组看当地的地标，并识别和命名形状。

改进：可以给孩子提供一个寻找形状的模板，老师可以通过提供形状名称来帮助孩子。老师还可以提供两种形状的选择，并问孩子图片中的物体最像哪种形状。

小小林场

领域：科学：关爱生物；用基本词汇命名和描述植物

早期数学：收集植物生长的数据；比较植物生长的类型；测量水量

步骤：使用小罐子，让孩子舀泥土，种一棵树的种子，这样每个孩子都有自己的树。阅读一本书或与孩子讨论植物生长所必需的东西，并将植物的护理纳入孩子的日常生活。向孩子介绍数学概念，具体说明每种植物每天需要多少水，并让孩子测量给水量。孩子们可以记下日期和给水量。当幼苗发芽时，孩子们可以用尺子测量生长情况，并将数据记录在他们的日记中。一旦幼苗成熟，孩子们可以把它们带回家，在他们的院子里种植,或者在学校种植。

为喜欢的角色投票

领域：早期数学：图形数据

语言发展：表达偏好并证明其合理性

步骤：阅读一本书时,让孩子说出他们在故事中最喜欢的角色。为每个角色制作一个带有魔术贴的柱状图。每个孩子都有一个正方形魔术贴,上面有他/她的名字和/或照片。孩子们可以把他们的正方形贴在角色的柱状图上,排成一列,为他们最喜欢的角色投票。老师可以用柱状图总结最终结果,用"多"和"少"两个词,量化结果。可以要求孩子们通过数正方形判断一个角色比另一个角色多获得多少选票。

另一种结局

领域：语言发展：参与协作对话；表达独特的想法

创意表达/艺术欣赏：画出最喜欢的故事的另一种结局

步骤：读完一本书后,问孩子们他们希望故事中会发生什么,并让他们创造一个不同的结局。让孩子和朋友谈谈他们的想法,然后进行小组分享。把这些想法写在白板上,并提出指导性的问题；允许孩子们互相提问。在孩子们产生几个想法后,让孩子描述他们最喜欢的另一种结局。

学习课堂规则或准则

领域：社会研究：培养对规则重要性的理解

语言发展：参与与同龄人和成年人的合作对话

社会/情感发展：展示对冲动行为的控制

创意表达/艺术欣赏：以画一幅画或拍一张照片的方式来说明每个课堂规则

步骤：老师将领导一场关于"课堂规则"以及规则如何让我们在课堂上保持安全和体贴的课堂讨论。孩子们将被要求就自己认为应该被包括在内的规则发表意见，解释为什么他们的规则很重要。（例如，孩子可能会说："每个人都应该被倾听""任何人都不应该对任何人刻薄""每个人都应该遵循火警指示"，等等。）然后老师会问，"我们都需要遵循什么样的准则才能做到这一点？"（孩子可能会说"不要打断""不要大喊大叫"或者"别让某人失望"，等等。）一旦规则确定，每个人（学生和老师）都会在名单上签名，并张贴在教室里。孩子们还可以画一幅画或拍一张照片来说明规则。如果规则似乎已经被遗忘，一年中（学生或老师）提示需要检查规则清单。

履行课堂职责

领域：社会研究：履行课堂中的特定职责

语言发展：参与与同伴和成人的合作对话

社会/情感发展：遵循规则和惯例

创意表达/艺术欣赏：画一幅画或拍一张照片来说明每项课堂任务

步骤：教师将带领全班讨论我们在课堂中的职责以及每天需要履行的不同任务。孩子们将被要求提出想法，并解释为什么他们建议的任务很重要。然后孩子们会讨论每份任务需要什么以及如何给学生分配任务。教师可以使用儿童插图或照片来描绘每项任务并创建一份任务图表。在一年中可以轮换分配每项工作。

艺术灵感

领域：创意表达/艺术欣赏：观察和/或描述他们对特定艺术作品的喜欢和不喜欢

科学：混合可用的颜色以产生新的颜色

语言发展：结合通过对话获得的新词汇来描述艺术灵感；参与合作对话

步骤：老师将带一件艺术作品给孩子们学习，与他们讨论艺术作品的元素（例如，纹理、颜色的使用、线条、透视、包括的物体的位置）。孩子们将被邀请考虑他们喜欢和不喜欢的艺术元素，并使用他们认为最有吸引力的元素来创造他们自己的艺术作品（这个项目可能需要一天以上的时间）。一旦孩子们完成了他们自己的作品，他们就可以向全班展示他们的作品。

表演

领域：创意表达/艺术欣赏：故事中的角色扮演

语言发展：融入通过故事获得的新词汇，展现对故事元素的理解

社会/情感发展：与同伴合作；观点采择

技术：记录表演以供观看

步骤：在阅读完一个故事后，老师将征集志愿者，通过使用戏服或手偶的戏剧化方式来重新创作故事。孩子既可以预录表演并随课观看，也可以在课前表演时录制（录制可以让孩子能反复观看故事并与家人分享，这样可以鼓励孩子复述故事）。该活动的变式可能包括让孩子想出另一种结局，并演出他们的新结局。

球赛

领域：科学：利用知识预测哪个球会先下坡道；研究什么条件导致球走得更快或更慢

语言发展：使用不同的词汇谈论不同大小、重量和质地的球的实验

社会/情感发展：与同伴合作玩耍

早期数学：使用秒表记录时间并比较不同的球的轨迹

步骤：老师会给孩子们提供各种不同的球，大小、重量和质地各

不相同,还有一个大坡道(如宽木板)。老师会让孩子们预测哪个球在坡道上跑得最快。孩子们可以一次释放多个球,看看哪个先落地,也可以一次释放一个,用秒表记录时间,写在图表上。孩子们将被提示讨论他们的预测,以及为什么一些物体比其他物体运动得更快。

走钢丝的人

领域:身体发育:保持平衡以直线行走

社会/情感发育:控制冲动并等待转弯

创意表达/艺术欣赏:利用想象力创造故事

步骤:老师将一根平衡木放在地上(即花园的木材),让孩子沿着这条平衡木行走,练习他们的平衡技巧。为了让这个故事更吸引人,老师可以让孩子们用他们的想象力来创造一个故事,讲述为什么有人会在走钢丝,他们可能会走过什么。该活动可以变式为包括挑战儿童快速行走或向后行走。活泼或缓慢的音乐可以用来创造孩子们跟随音乐的节奏行走的挑战。

修改:对于平衡有问题的孩子,可以用粉笔线代替平衡木。

水果沙拉

领域:身体发育:使用多种器皿

社会/情感发展:表达喜好;与同龄人交谈

语言发展:用新词汇谈论味道

早期数学：数物体；作比较

步骤：孩子们将通过挑选和准备水果来制作自己的水果沙拉。每个孩子都有自己的碗、切菜板和切水果的器具。老师首先会问孩子们是否知道每种水果的名字。每介绍一种水果，老师都会给孩子们尝一尝。一旦介绍完所有的水果，孩子们就可以自由要求他们想要的东西；他们可以请求获得一些水果，如蓝莓或黑莓，按数量（即"我想要 5 个蓝莓"）和/或指示他们何时想要"更多"。孩子们会用一只手固定水果，同时用另一只手拿刀切割来练习双边协调。一旦孩子们切完所有的水果，最后他们就可以切一块自己选择的柠檬，把它的汁挤在沙拉上，搅拌沙拉，然后开始吃沙拉。

云里有什么？

领域：创意表达/艺术欣赏：创造一件在云里看到的艺术作品

语言发展：使用描述性词汇和想象力来表达想法

社会/情感发展：与同龄人进行互动对话

步骤：在一个阳光明媚的日子里，当天空中有云时，老师带孩子们去外面躺在草地上，用他们的想象力来看看他们在云里发现了什么。孩子们可以画出他们看到的东西，并创造关于他们的云角色的故事与他人分享。他们还可以把他们的故事做成一本书交给教室图书馆。

创作互动歌曲延伸

领域：语言发展：扩大词汇量

　　　　创意表达/艺术欣赏：扩大音乐理解

　　　　社交/情感发展：跟随其他孩子的想法；轮流

步骤：学前教育使用的许多歌曲都可以经过改进和扩展变得更复杂、互动性更强，从而适用于幼儿园大班/小学低年级的孩子。任何孩子熟悉的歌曲都可以在这个活动中被使用，只要孩子们能提出一个"有趣的"替代建议。重要的是接受孩子的几乎任何想法（除非在社交上不合适），即使建议是愚蠢的或重复的；老师应该鼓励孩子们认为他们所有的想法都可以是创造性的和好的。这里有两个可以这样扩展的歌曲示例：

《松饼人》：你认识松饼人吗？/松饼人，松饼人，/你认识松饼人吗？/谁住在德鲁里巷？

孩子们会想到他们喜欢的食物和"人"住的地方。比如："你认识那个送披萨的人吗？他住在派普罗里巷。"

《在海湾边上》：在西瓜生长的海湾边上/回到我不敢回的家/因为如果我回去了，我妈妈会说：/"你见过鸭子开着卡车，在海湾边上吗？"

孩子们可以想到不同种类的动物，老师或孩子们都可以想出有趣的动作部分。例如：（第一个孩子：）你见过蛇……（第二个孩子：）烤蛋糕吗？

节奏和节奏游戏

领域：身体发展：学习控制粗大和精细的运动动作

语言发展：拓展节奏感

创意表达/艺术欣赏：体验身体节奏的变化并获得艺术意识

步骤：教室里的孩子要站起来,这样他们就不会碰到任何人或任何东西。然后他们要选择一个姿势,好像他们是一个雕像,他们不能移动,直到他们听到鼓的声音。最初由老师打鼓,但后来孩子们可能会带头。当孩子们听见鼓声时,他们每一拍只能移动一次,但每一拍,他们都应该移动身体的一部分。在此活动期间,他们不能触摸房间内的任何人,并且在不打鼓时不得移动。随着鼓的节奏变化、加速和减速,孩子们要将他们的运动速度与鼓的节奏相匹配。

一个律音管管弦乐队

领域：身体发展：扩展音乐制作的身体技能

语言发展：拓展节奏感

创意表达/艺术欣赏：获得新的音乐表达方式

步骤：律音管是最简单的工具之一。律音管是一种由塑料制成的轻质空心管,不同长度的管子对应特定的音高。不同音高有不同的颜色标记。律音管被认为是打击乐家族的成员,因为它是通过在地面上、腿上或桌子上敲击来演奏的,并且不同音高所对应的律音管的长度是不同的。律音管最常用于基础音乐教室,作为木琴等传统音高乐器的廉价替代品或补充。使用律音管最流行的方法之一是给每个孩子或一群孩子分配不同的音高。一首歌的旋律是通过在歌曲中的时间点合作"演奏"它们来呈现的。律音管也可以被作为一种加强节奏的有趣的工具,比如一种"你问我答"的活动,或者教孩子演奏和弦。如果老师有兴趣将律音管融入课堂,还可以在网上找到许多在线资源和活动(Schulkind, 2015)。

学习弹奏乐器

领域:身体发展:精细运动技能

语言发展:学习和弦的名称

创意表达/艺术欣赏:了解音乐创作的过程

步骤:一旦孩子获得了基本的音乐能力(保持稳定的节拍和能匹配对应的音高或唱歌不走调),他/她就可以开始学习弹奏一种基本的乐器,比如尤克里里。由于其尺寸合适且成本更低,以及事实上它只有四根弦,并且它们相对容易压下,所以尤克里里是比吉他更好的早期乐器选择。即使孩子们只知道两三个和弦,他们也可以用尤克里里演奏很多歌曲。然而,由于孩子们的发展水平不同,注意力水平也不完全相同,所以教不同的孩子演奏像尤克里里这样的"真正的乐器"可能会产生不同的效果。

为了成功地学习一种乐器，孩子们需要对左和右有基本的了解，因为所有的乐器教学都区分左和右。当孩子小的时候，用任何一只手击鼓或摇鸡蛋都没有关系，但是握尤克里里就需要用左手做和弦指法，及用特定的手指压在特定的弦上，然后用右手弹奏。弹钢琴时，右手弹高音谱号的音符，左手一般弹低音谱号的音符。竖笛指法需要手放在特定的位置，以覆盖对应的孔，从而演奏对应的音符。甚至鼓也需要右手和左手去做不同的事情。节奏、音高和强度更高的乐器教学应该限制在10分钟左右。如果课堂老师没有乐器演奏能力，这项活动可以由学校音乐老师进行。其他适合作为学习音乐技能的初始选择的乐器是木琴和口琴。这个年龄的孩子可以用这些乐器学习简单的曲调。鼓也可以用于教授更精细的节奏模式。

七、规划幼儿园大班/小学低年级儿童的一日活动

不同学区的课程可能是严格规定的，也可能是更普遍的；在后一种情况下，教育者对用于实现课程目标的特定学习活动有更大的决策权。在规定每天必须进行哪些学习活动的课程中，教育工作者可能必须更加努力和更具创造性地工作，以满足班级中各种儿童的学习需求。然而，

大脑发育的一个非常重要的方面是：所有的孩子都应该有一系列的活动（不仅仅是纸笔或上机作答）。他们还需要一系列的社会、身体和精神挑战，以开发出具有强大、丰富和活跃的神经元连接的大脑。每个老师都应该有机会每周计划一两次活动，让孩子们参与到身体和精神上活跃在有趣的"工作"中。

表5.2包含了幼儿园大班一天和小学三年级一天的日计划案例，展示了如何为这一年龄段的孩子整合挑战性活动。

表5.2　幼儿园大班和小学三年级的日计划案例

时间	幼儿园大班
8:30—9:00	到达、问候和中心游戏/上午活动
9:00—9:40	冥想、每日分享和讨论
9:40—10:30	语言艺术与游戏中心活动和小组指导
10:30—10:45	运动与音乐
10:45—11:35	数学与感觉运动活动和小组指导
11:35—12:15	午餐和户外/健身房游戏
12:15—12:35	从下午冥想(个人阅读)开始的安静时间
12:35—1:20	社会研究/科学(或特殊)探究
1:20—2:00	游戏　准备出发
3:00	放学

时间	小学三年级
8:30—9:00	到达、问候和早间活动/中心时间
9:00—9:20	带冥想、日常分享和讨论的早间环节
9:20—10:00	语言艺术(包括小组活动)
10:00—10:50	特别活动/中心游戏
10:50—11:50	数学与探究方法(包括小组活动)
11:50—12:25	午餐和户外/健身房课间休息

八、促进艾登、玛格丽特和英的大脑发育

教育工作者在开始与这个年龄段的孩子一起工作时,通常采用的是像他们与年龄较大的孩子一起工作一样的方法。也就是说,他们可能认为这个阶段的孩子大脑的概念和情感活动已经完全发育,并因此认为涉及静态学习、口头呈现材料和需要长时间注意力集中的教学风格适合 3 岁以下的孩子。然而,实际上这个年龄段的孩子的大脑发育还没有达到与成年人的大脑、青少年的大脑,甚至青春期前的大脑发育相同的程度。例如,大脑发育的这个阶段包括通过去掉很少使用的突触来减少突触密度,以及强化学习最常用(希望最有用)的突触连接。还有,对于自身的学习经历产生清晰认识的能力的发展伴随着儿童的 P300 脑电波的日益活跃,P300 与注意力和辨别刺激的参与有关。(这一过程直到青春期才完成。)为了实现最佳的大脑发育,这个年龄的孩子仍然需要参与许多身体活动、感官刺激活动和认知提升的学习活动。

对于教师来说,重要的是要记住,3 岁儿童的父母可能不了解这个年龄阶段仍在发生的大脑发育。教师可以直接与家长合作,帮助他们了解在这些年里,他们的行为将如何促进孩子的大脑发育。艾登、玛格丽特和英将受益于家长和老师对以下建议的关注。

艾登:艾登缺乏社交能力,这让他无法与同年级的孩子进行有意义

的互动。他与成年人的互动也是有限的,而且往往是片面的。教师应考虑使用社会故事和角色扮演等策略对其进行社会技能培训。对于一个阅读社交线索有困难的孩子来说,社交故事的中心是编写社交互动脚本,并为他如何和他的同龄人一起互动提供建议。例如,在出门前阅读一个关于操场互动的社交故事,配合老师的提示,可以帮助艾登与同伴互动。此外,有轮流规则的游戏能让艾登有机会和其他人交谈,由此他可以学到游戏规则。

玛格丽特:如果老师已经注意到玛格丽特的行为和外表发生了重大变化,以及她的兴趣、行为和学习效率似乎有所衰减,那么老师肯定是时候开始评估为什么会发生这些变化了。教师应该记录下对玛格丽特最近在学校的行为的一些观察,这样就可以记录下这些变化。接下来,老师应该联系学校辅导员、护士和其他相关人员,以便他们能够确定是否有必要进一步调查玛格丽特的家庭情况或最近的生活事件。通常,孩子在学校行为的改变是孩子生活中更严重问题的一个指标,如果可能的话,这些问题应该被调查和改善。因此,教师可能需要根据问题的严重程度,决定需要采取哪些措施。建议老师先联系家长安排一个会议,看看他们如何一起帮助孩子,但是如果情况没有改善,教育者就可能需要采取更严肃的行动。

英:当一个孩子看起来进步很大时,有时父母(或其他成年人)对孩子不断增长的能力非常满意,以至于他们对优秀提出了进一步的要求,或者期待进一步的新成就。虽然英有许多能力和天赋,但她的大脑仍在发育中,虽然她的学习、音乐和其他活动可以增强大脑的能力,但参与情感和社会发展的大脑区域也很重要。当孩子通过行为或语言发出他们感到压力的信号时,成年人应该评估他们可能给孩子带来的压力水平,并注意孩子可能给自己施加的压力有多大。教师和家长应该鼓励这样的孩子把一些时间花在要求较低的活动或不太有条理的活动上,比如在某些时候能够"什么也不做"。经常在户外(在自然环境或公园里散步、游泳或骑自行车、玩积极的游戏,甚至只是坐在后院野餐)可以让孩子的大脑放松,从而减轻他们可能遇到的压力,这还将激发他们的兴趣和能力,让他们能在另一段时间里专注于具有挑战性的活动。

九、讨论问题

1. 艾登的老师会在一个关于操场互动的社交故事中写出哪些内容?
2. 老师和家长如何将社会故事融入艾登的日常生活?
3. 为了调查她为什么会有这些行为改变,玛格丽特的老师需要学校其他人员提供什么样的支持?
4. 能否对学校人员进行一些培训,让他们知道如何处理孩子可能面临的潜在环境问题?

5. 应该为像英这样有天赋的孩子的父母设计什么样的信息项目来帮助他们学习如何为培养孩子的才能提供适当的支持和鼓励?
6. 学校可以出台哪些政策,让孩子们在上学期间有户外时间和其他压力较小的活动的时间?

十、进一步阅读的建议

Beach, D., & DiCarlo, C. F. (2016). Can I play, again? Using a literacy ipad app to increase letter recognition & phonemic awareness. *Journal of Teacher Action Research*, 2(2), 70 - 76.

Beardsley, G., & Harnett, P. (2013). *Exploring play in the primary classroom*. London, United Kingdom: David Fulton.

Bergen, D. (2013). Does pretend play matter? Searching for evidence: Comment on Lillard et al. *Psychological Bulletin*, 139(1), 45 - 48. doi: 10.1037/a0030246

Lee, L. (2016, Summer). A learning journey with Latino immigrant children: An American low-income preschool enhancement project. *Childhood Explorer*, 3. Retrieved from www.childhoodexplorer.org/lipe-project

Reynolds, E., Stagnitti, K., & Kidd, E. (2011). Play, language and social skills of children attending a play-based curriculum school and a traditionally structured classroom curriculum school in low socioeconomic areas. *Australasian Journal of Early Childhood*, 36 (4), 120 – 130.

第六章　用科技设备促进大脑发育

一、南希(Nancy)

　　南希是一个健康的足月的婴儿,她的父母吉姆和桑迪一直渴望给她提供良好的成长环境。他们了解到孩子太早使用科技产品会有潜在的发育危险,因此他们不让孩子接触到电动摇篮或其他电子运动设备,不让她在手机上观看图像(尽管他们已经注意到,当她心烦意乱时,这些图像会让她几乎立即安静下来),也不会让南希用电子产品与远方的祖父母沟通。南希现在7个月大了,她的父母注意到南希似乎需要越来越多的关注,她变得非常活跃,他们认为她也许很快就会爬行,甚至走路。这意味着,当她吵闹时,她的父母必须花更多的时间安慰她,与她面对面交流,看管她越来越多的行为,并花时间开车去拜访他们的亲戚。他们的一些朋友认为吉姆和桑迪对南希过度保护,这限制了他们自己的活动,因为他们的朋友发现他们可以通过手机让自己的宝宝很快安静下来,进而可以快速换尿布,甚至在餐馆吃饭,孩子也不会吵闹,电动摇篮则可以在很长一段时间内让他们的孩子感到满足,让孩子用电脑与祖父母聊天互动也让大家都很开心。吉姆和桑迪生活繁忙,他们想知道使用电子设备作为"保姆"是否真的会伤害南希。如果他们的孩子可以通过使用电子设备得到更好的照顾,这将使育儿变得更加容易。因为他们想让南希参加一个早期儿童护理项目,他们计划向项目负责人询问婴儿对科技增强设备(Technology-augmented devices)的合适的参与度。

二、杰森(Jason)和埃德温(Edwin)

杰森和埃德温是一所幼儿园的同一个班级里的 5 岁男孩。他们喜欢在戏剧中心和街区玩,但他们最喜欢的中心之一是 iPad 中心。一个秋天,杰森和埃德温在玩一款关于四季的 iPad 应用游戏时分享了他们对四季的想法。当杰森在游戏中看着秋天的树时,他对埃德温和一位老师说:"这是春天!所以我要去做……哦哦。这不是春天……(看上去迷惑不解)。"然后埃德温问:"嘿,你为什么认为现在是春天?"杰森回答说:"因为它(一片树叶)绿色的(指着 iPad 游戏的树)。我出生在春天!"老师问他 iPad 游戏里还有什么颜色的树叶。然后,这两个男孩交流了彼此的想法,建立了季节的概念——特别是春天和秋天。

杰森:黄色……和棕色……?

埃德温:是啊!(指着 iPad 上树叶的某个部分)这真的是棕色的。

杰森:那春天树叶是什么颜色的?绿色……?

埃德温:是啊!老师:那你怎么判断这张图(在 iPad 应用里)是春

天还是秋天呢？这两张图片（在 iPad 应用中）除了颜色之外还有什么不同？

　　杰森：是的……很多叶子，而这个（另一个）没有。

　　埃德温：那个地上有叶子的图……就像我家院子里的松树！但是它们看起来不太一样。

　　杰森：松树？我们学校也有很多。它们有棕色的叶子吗？我们应该弄清楚！

　　他们拿着 iPad 去教室的窗户区看学校的松树，然后他们的对话继续。

　　埃德温：没有，它们没有棕色的叶子……但是在地上有棕色的叶子！你看到那些了吗？

　　杰森：那么……埃德温，看另一张图片（在 iPad 游戏上）。图片上的地上没有叶子。而且，它的树枝上没有多少叶子，这里（在 iPad 上摸树）。

　　埃德温：是啊！但那不是松树。它们看起来不一样。看起来像是那棵树（指着学校操场上的另一棵树）！树上没有多少树叶！

　　老师：是的。它们被称为"树枝"。

　　埃德温：那么……这个（在 iPad 应用中）是秋天！

　　他们带着 iPad 回到中心，继续谈论每个季节的树木。他们想知道为什么树秋天开始"落叶"了，为什么到了冬天，松树还会有"落叶"。他们决定和老师一起研究更多的问题。

三、德里克(Derick)

7岁的德里克被诊断患有注意缺陷多动障碍(ADHD),他一直难以独立学习。在二年级的教室里,他的老师桑托先生面临的挑战是在独立学习时间吸引德里克的注意力,从而让他继续完成数学练习。通常,桑托先生的做法是在整个小组中向学生介绍新概念,然后为学生提供独立学习或小组学习的实践活动,通常还会使用教具。问题是,当其他孩子在学习时,德里克会停下来,需要桑托先生的反馈才能继续进行。桑托最近一直在研究可以在 iPad 等移动技术设备上使用的应用程序。此前,他曾利用众包平台筹集资金,为自己的教室购买了几台 iPad,并审查了几款针对二年级学生数学概念的应用程序。专注于技能发展的应用程序的好处是,应用程序本身可以以视觉和听觉强化的形式为学生提供即时反馈,以获得正确的响应,并对不正确的响应进行纠错。根据桑托先生的说法,"自从实现了数学应用程序的使用,德里克在独立学习时更加专注和投入了。我不必和他待在一起来确保他在学习。该应用还能提供总结反馈,这样我就可以知道他做对了多少题"。

四、儿童科技增强设备的类型

目前影响着儿童的科技增强设备主要有三种类型。

1. 儿童操作的游戏和通信设备(例如,平板电脑类、科技增强玩具、计算机软件程序)。

2. 成人用于安全或控制儿童行为的设备[例如,电动摇篮和活动、摇摆装置(必要时包含/限制运动以保护儿童)]。

3. 替代通信/自适应技术设备(例如,定位设备,弯曲勺子,吸盘碗,和运动、听觉、视觉、感官或其他能力方面的增强/辅助设备)。

因为有各种各样的科技工具可以在残疾幼儿与环境互动和接触环境时为他们提供帮助,教育者应该了解这些选择。关于这类设备的进一步讨论,见迪卡罗(DiCarlo)和巴纳吉(Banajee)(2000)或迪卡罗、斯特里克林(Stricklin)、巴纳吉和里德(Reid)(2001)。表6.1介绍了这些科技增强工具。

表6.1 为有特殊需要的儿童提供的技术

1. **辅助技术**是指旨在提高残障人士能力或改善残障人士功能的任何设备或装置。幼儿辅助技术的例子可能包括固定装置,如轮椅、改装椅子、站立架或地板椅。对于身体有残疾的幼儿来说,为了让孩子能够最大限度地使用他们的手,安全地放置孩子是很重要的。与同龄人处于同一视野对社交也很重要。

续表

2. **适应性技术**是指对材料所做出的任何帮助残疾人执行某项行动的改进。幼儿适应性技术的常见例子可能包括帮助幼儿更独立玩耍的改进,例如在托盘表面放置一块室内/室外地毯,然后在玩具底部放置毛粘扣以帮助固定玩具的位置,或者让儿童使用吸盘和弯曲的勺子更独立地用餐。
3. **辅助/替代交流系统**通过提供额外的语言表达手段来支持交流。通信可以是独立性的(即不需要额外的设备),如使用手语,也可以是辅助性的(即使用科技设备),如使用语音输出设备。辅助技术交流可以是低技术水平的,如使用图片交换系统,也可以是高技术水平的,如使用更复杂的语音生成设备。当孩子难以沟通时,就可能会出现问题行为。问题行为可以被看作是孩子满足自己需求的一种方式。当看护人使用辅助/替代交流系统与幼儿一起活动时,幼儿的问题行为通常会减少。

五、科技增强活动对大脑发育的潜在影响的综述

因为从婴儿到三年级期间的最佳大脑发育对人生的长期成功非常重要,所以护理人员和教育工作者必须了解让这些年龄的儿童参与使用科技增强设备的最合适的方法。在决定应该花多少时间在这些设备上时,父母、护理人员和教师应该考虑不同年龄段的不同因素。

婴儿/幼儿阶段(0—3岁)

- 婴儿和非常年幼的儿童应该尽量少接触科技增强设备,因为他们需要专注于"主动"知识发展(Bruner,1964),包括对物

体和环境中的人的身体动作。如果花太多时间在没有与人类充分互动的科技增强设备上,幼儿的身体参与和学习以及对其物理世界的认知发展可能会受到损害。因此,美国儿科学会(AAP)强烈建议关注婴幼儿的"创造性、不插电的游戏时间",只观看针对18个月至3岁儿童的高质量节目和视频(AAP,2018)。

- 因为这一早期时期是"共享意向"发展的时期(Tomasello和Carpenter,2007),并且这种基本的人类品质是通过与其他人类的互动而习得的,婴儿和幼儿需要许多机会与父母、亲戚、看护人和其他人类进行"面对面"的互动。理解和分享他人想法和意图的能力(即共享意向)是人类的一项基本素质,它是"认知意向"和"心智理论"(知道他人的想法和观点可能与自己的不同)发展的基础。目前,我们尚不清楚婴幼儿能否从技术增强设备中学到这种与社交技能和互动相关的品质(Bergen,2018)。

- 面对面的人际交往也会促进情绪和行为的自我调节能力的发展,以及理解和顺应社会的能力规范的形成。目前尚不清楚早期广泛接触科技增强设备会在多大程度上影响幼儿自我调节和行为参与能力的获得。

- 如果偶尔将接触此类设备作为一种镇静技术(或给父母和其他护理人员一段短暂的休息时间),这种情况下应确保设备是安全的,可以是能由儿童轻松操作的设备,也可以是由成人操作的、设有时间提醒的设备。使用设备的时间应该是很短,而且应该真的是偶然使用,而不是日常或长时间操作。

学前阶段(3—5岁)

- 时间方面的限制可参考美国儿科协会的指南,该指南建议学前儿童每天最多有 1 小时的屏幕时间(AAP,2018)。
- 成人应该检查每个 iPad 应用程序所列出的学习目标和适合的发展水平,以确保它们确实适合孩子。
- 应根据儿童使用工具的技能发展来选择技术软件和应用程序,例如,学前儿童的应用程序评估标准(Walker,2011)。
- 教师应该创建一个孩子们要遵守的课堂规则列表,从而帮助孩子们在使用所有技术和数字设备时形成良好学习规范。
- 儿童使用技术增强设备的时候,成人应该和他们在一起。当他们使用科技增强的材料时,不要只是让他们单独玩。成人要监督、了解和提问以促进他们的学习。
- 当两个或两个以上的孩子一起玩时,教师可以分给他们一台 iPad。然后观察他们知道哪些东西,什么时候感到沮丧,以及他们如何合作解决问题和互相挑战。

幼儿园大班/小学低年级阶段(5—8岁)

- 像学前儿童一样,技术软件和应用程序的选择应该基于儿童使用工具的技能发展水平,例如应用程序评估标准(Bound

和 Kearney，2017）。

- 教师应考虑科技设备给出反馈的持续时间，因为更长的反馈持续时间可能会导致儿童的反应时间减少（DiCarlo，Schepis 和 Flynn，2009）。
- 使用 iPad 的照相机、绘图应用程序或视频/录音机作为工具，让孩子介绍他们的学习成果、想法和创意作品。
- 新技术使用应该是合理时间表的一部分，包括全班和小组讨论，以及自习，因为屏幕时间不适合"双听众教学（dual audiences）"[①]（AAP，2018）。
- 技术使用应该是综合课程的一部分，在综合课程中，应包含能够强化目标技能的其他机会，因为人们认识到，儿童需要"动手、非结构化和社交游戏来获得语言、认知和社会情感技能"（AAP，2018）。

六、科技增强活动的课程重点

教师应意识到，技术体验的使用因儿童的年龄、社会经济地位、种族和族裔群体以及社会文化背景而有很大差异（例如，见通信和媒体理事

---

① 即一部分学生亲身参与课程，另一部分通过电子设备远程参与。——编辑注

会,2016a;Rideout 和 Hamel,2006)。例如,高社会经济地位区域的高中在技术支持、指导和人员方面投入更多,而低经济地位区域的高中的技术支持总体较少,这些学校的人员也经常表现出对使用技术的信心不足(Melhuish 和 Falloon,2010;Warschauer,Knobel 和 Stone,2004)。考虑到儿童技术使用的这些差异,幼儿教师其实可以通过多种方式开发技术强化的课程活动。

七、儿童课程活动案例(其他年龄阶段可根据实际进行修改)

学前水平

数字显示

领域:身体发育:手指着色;与技术设备的协调

社会/情感发展:通过反思了解自己;认识自己与他人的差异

技术:创造媒体故事

创意表达/艺术欣赏:色彩浓淡对比和敏感度;大小和放置体验

步骤:学前儿童的认知发展可以通过学习各种类型的显示差异的图像来增强。当老师在秋天和孩子一起出去看树和树叶时,可以鼓励孩子收集各种形状和/或颜色的树叶(每个孩子应该有一个纸袋来收集)。收集树叶后,老师可以用电脑或 iPad 创建和显示树叶的图像。然后,孩子们可以一起看这些图像,找出不同和相似之处,定义各种颜色和形状,讨论树叶的气味和他们对树叶的感觉,并单独或一起在一张纸上画出树叶。老师可以将这些数字图像投影到一个大画架或者墙上,并用纸和颜料装饰[老师们可以查阅来自瑞吉欧(Reggio Emilia)一类的书(例如,Edwards, Gandini 和 Forman, 1998)或在线资源以获得有关这种方法的指导]。

数字化的学习游戏

领域:社会/情感发展:获得独立思考技能

　　技术:学习使用合适的教育应用程序

步骤:在每间教室里,教师都可以为儿童的学习提供发展和文化上合适的教育应用程序。如前所述,在评估幼儿应用程序方面有一些规则或标准。在这个评估过程之后,教师可以选择与孩子在课堂上学习的内容或主题相关的应用程序;然后,教师可以将这些应用程序存放在学习中心。在呈现这些程序时,教师应该确保数字化的学习游戏是与传统的动手学习材料,例如书籍、器具、纸张、铅笔、蜡笔和记号笔一起呈现的。这样,孩子就可以用多种学习模式学习特定内容,积累经验。

通过 stem 学习使用社交技能

领域：技术：发展 iPad 技能

社交/情感发展：与他人互动进行技能学习

早期数学和科学：通过使用 iPad 应用程序进行学习

步骤：教师将利用学习中心时间或自由游戏时间，向学生介绍 iPad 游戏学习中心。中心所选择的 iPad 程序应该有助于教师对孩子大脑发育和其他学习领域的学习目标的实现。中心的应用程序应根据专家建议的主要标准进行评估和选择。例如，一种类型的应用程序专注于增强儿童对数学数字线概念的理解，另一种应用程序专门介绍有关季节（包括天气）、感官、生物/非生物和植物/种植的科学概念。针对不同学习目标的不同应用程序将能够适应孩子不同的学习和掌握水平。（表 6.2 展示了与幼儿一起使用媒体互动技术的检核表。）

表6.2　有效使用数字媒体及互动技术进行早期学习的检核表

标准	是	否	备注

1. 选择

这种数字技术或互动媒体是否适合时代/发展？

是否不含暴力内容和性别/种族偏见？

这能够代表不同的儿童群体吗？

教室里的所有孩子（包括特殊需要儿童和非英语母语学生）都可以使用这个吗？

小孩子容易操作和控制它吗？学校支持吗？

2. 教学和学习

这适用于个人、小组和/或全班场景吗？

续表

标准	是	否	备注
这和你在课堂上教的内容有关吗?			
你能将他们从中学到的东西与你的教学充分联系起来吗?			
这能否有效地与学校/省/国家标准相联系?			
这种方法对孩子的学习有意义吗?			
你能很容易地收集孩子们通过这个学习到的东西来记录孩子们的成长吗?			
它是否加强了家庭与学校的关系和沟通?			

在用 iPad 开始实际项目之前,老师会在全班出席的环境下,和其他在场的成年人(如助教、学生助理、家长、祖父母)谈论这个活动。就在孩子们的学习中心时间或自由游戏时间之前,老师会解释大家应如何使用 iPad,以及应该为 iPad 的使用制定的规则(例如,每个人将轮流使用;被叫到名字的人可以用 iPad,每个人每周使用 iPad 的总时间相同,依此类推)。成人将示范如何循序渐进地使用 iPad 10—15 分钟。然后在 iPad 学习中心的学习/游戏时间,孩子们将探索和使用 iPad。理想情况下,中心内应该有两个 iPad,其中一个由指定的成年人监督。(这是让学生助理或家庭成员参与学前活动时间的好方法。)当孩子有疑问或对程序感到困惑时,大人会通过再次回答或建模来支持他们。第一步包括指导孩子在 iPad 上打开和关闭音量,以及打开应用程序。这段时间非常重要,因为它让孩子们意识到老师和教室里的其他成年人会做什么,以及他们应该用什么

来学习。此外，他们在没有任何压力的情况下学会了有效使用 iPad 的技术和技能。

入门阶段结束后，老师可以选择一两个主要的应用来方便孩子的学习，同时为那些可能提前完成任务，需要用更多的应用学习特定概念，或者需要回去检查自己之前学习水平的人准备其他应用。老师要记住的重要的一点是，当孩子有单独的 iPad 学习时间时，孩子应该总是和维果茨基(1978)推荐的"最有知识的他人(MKO)"在一起。当一个孩子开始游戏时，老师或上面提到的任何一个成人，作为 MKO，要观察孩子如何解决游戏中的问题，检查孩子使用了什么策略，并阅读可能表现孩子缺乏理解、困惑或犹豫的身体暗示。如果有孩子有问题，成人要冷静地阐明过程。如果孩子不理解，因此答错了一个问题，大人会鼓励他们在大人的帮助下重新玩游戏，直到孩子完全掌握游戏中嵌入的概念。这个过程是"脚手架"学习的一个例证，这是另一种将儿童的理解从操作层次延伸到标志性和象征性层次的方式。

改进：难以用手指使用触摸屏的孩子可以使用手写笔。

幼儿园大班——一年级阶段

数字故事

领域：语言发展：使用多种语言创造故事

　　　社会/情感发展：获得他们生活经历的意义

技术：使用媒体讲故事

步骤：儿童可以通过数字媒体写一个合作故事。当老师决定读一本书，教一个主题，或者和孩子们一起创建一个特殊的项目时，可以先建立一个数字站，用于关于这本书、这个主题或这个项目的绘图和写作。iPad 的书籍创建器（Book Creater for iPad）、讲述这件事（Tell About This）、西米迷你涂鸦（Sago Mini Doodlecast）和小作家（Little Writer）等应用程序就很适合，孩子们可以用它们在 iPad 上看图片和写故事。一些应用程序还有录音功能。通过发展即兴写作能力，孩子们可以有充分的机会根据他们自己的解释、经验和创造力进行数字意义构建。

这项活动鼓励孩子们通过与同龄人共同建立他们的故事来一起工作。此外，老师可以观察他们讨论了什么，他们有什么同伴动态和关系，他们遇到了什么问题，他们如何解决这些问题。一旦他们创造了故事，老师就会把故事发给他们的父母，或者由孩子们在课堂上展示每个故事，与他们的家人和同龄人分享。如果教师希望这些故事得到更多的公众评论，那么还可以在获得家长许可后在社交媒体上发布它们。

一年级—三年级阶段

创作动画片

领域：社会研究：历史、地理、经济的知识应用

科学：科学的知识应用

社会/情感发展：合作技能

创意表达/艺术欣赏：使艺术适应技术

步骤：三年级的学生可以使用卡通应用程序（如 Moodboard Lite、Toontastic 和 Comic Maker HD）创建社会研究或科学内容故事。学生们可以很容易地获得各种照片和漫画来发展自己的想法，将他们在课堂上学到的东西应用到有趣的漫画/照片中。这种类型的工具对课堂来说可以是有效的和创造性的，因为它的使用、搜索和修改都足够简单，以便幼儿可以以有趣的方式"发布"他们自己独特的故事。其中一些平台甚至支持将故事打印出来。

八、规划科技增强环境

关于科技究竟将如何影响幼儿大脑的讨论仍在进行。然而，幼儿专业人员和儿科医生对幼儿时期过度使用技术表示了严重关切和警告。但是，让儿童对技术和媒体有适当的体验，鼓励他们控制媒体和体验的结果，探索这些工具的功能，并设想如何在现实生活中使用它们，这些对于儿童来说都是必要的（NAEYC 和 Fred Rogers Center，2012）。幼儿及其大脑发育的适当体验取决于特定技术如何支撑每个孩子的学习水平、探索兴趣和好奇心，以及这些工具如何促进他们与同伴、教师和父母的对话和互动。重要的是，他们每天使用这种设备的时间必须严格限制和监控的。

因此，教师和看护人员应该在开展使用技术工具的课程之前，为孩子提供足够的探索技术工具的时间（Lee，2019）。例如，在孩子使用 iPad 之前，教师可以先教全班学生如何使用。在此期间，教师可以通过模拟 10—15 分钟的逐步使用来解释如何使用 iPad。第一步包括如何在 iPad 上打开和关闭音量，以及如何打开应用程序。这种"探索性"的时间非常重要，因为它能让孩子们意识到他们将如何使用这些技术来提高他们的学习（Lee，2019）。然后教师可以在课堂讨论中讨论 iPad 的使用规则（例如，每个人轮流；当有任课老师或其他成人指导时，孩子可以使用 iPad；每个孩子每周使用该设备的总时间相同；等等）。教师可以创建一个学习中心，孩子们可以在这里探索和使用 iPad。当孩子有问题或看起来困惑时，成人应该通过回答或再次举例来支持他们。如果有相关和适当的成人指导和参与，幼儿就能够创造性地使用技术。

九、为南希、杰森和埃德温以及德里克采用科技增强技术

南希：虽然智能手机和科技增强玩具在当今社会无处不在，但它们不应该成为婴儿和非常年幼的儿童体验到的主要互动模式。父母和

其他看护人经常发现,用手机图像让尖叫的婴儿安静下来,换尿布时控制用这种设备防止婴儿扭动,以及长时间将婴儿放在电动摇篮、摇椅和其他设备中是很有诱惑力的。然而,在这个非常重要的早期大脑发育阶段,南希和其他非常年幼的孩子必须与有反应的人类互动。因此,科技增强设备不应该用于婴儿,2岁以下的儿童也应尽量避免使用。在这个年龄阶段父母和其他看护人正在教非常小的孩子如何成为"人",以及如何对现实世界做出适当的反应。他们必须获得积极的认知能力(Bruner,1964),包括触摸、移动和与真实的物体和人互动。因此,他们应该把更多的时间花在与人类和现实世界的互动上,而不是科技增强设备的互动上。

杰森和埃德温:杰森和埃德温通过合作发展了他们自己使用技术的方式。当我们读到他们对彼此说的话时,我们就意识到了他们存在什么问题。结果,他们的老师通过参与和观察他们的谈话提供了极好的辅助。对教师和看护人来说,对儿童使用技术的敏锐观察和参与非常重要,因为当"可教的时刻"到来时,他们可以提供适当和及时的指导。这两个男孩的下一步可能是通过创建一个与他们的问题和明显的某方面的兴趣(如树木和天气)相关的个人或小组探究项目,获得深入学习的机会。此外,老师可以使用技术(例如,用一台 iPad 的数码相机拍摄一些树木、树叶和天气变化的照片,并用一台计算机和一台投影仪进行演示)帮助他们完成他们的项目。这一过程通过现实生活中的经验和技术增强了他们的好奇心和凝聚力。

德里克:如前所述,有注意力问题和其他类型学习困难的儿童通常对与循序渐进的课程、生动的颜色和图片以及许多孩子需要的互动相结合的学习体验的参与更好。通常,科技增强设备可以提供这些学生需要的。德里克的表现已经证明,他会关注 iPad,因此很多类型的活动可以转换为在 iPad 上或类似的学习材料上。然而,重要的是,像德里克这样的儿童仍然有机会与教师和其他儿童互动,同时通过与技术的互动逐步扩展他们的能力。

十、讨论问题

1. 南希的父母在给他们的宝宝使用科技增强设备时应该关注什么?尝试给 2 岁以下的孩子制定一些使用规则。
2. 当杰森和埃德温在一个深度学习项目中使用技术时,你如何让项目更有创意和意义?有没有什么方法可以更促进他们的大脑发育?
3. 桑托先生应该如何监控德里克对科技增强学习设备的使用,以确保他除了在这些设备上获得学习的绝佳机会之外,还能获得社交技能和其他经验?

4. 为了支持孩子使用技术,你需要更多地了解哪些信息或技能?自己或与同事、家长列一个清单,一起讨论。你们都有哪些不同或相似的学习需求?请就该清单咨询你的上级、校长或幼儿教育专业人士,然后创建一个"技术和幼儿"学习社区。这一步之后需要做哪些决定?这如何成为你的教学环境中的常态练习?
5. 有哪些在线资源有助于支持来自不同背景的幼儿?创建你自己的资源文件夹,将你找到的各种资源收集起来。

十一、进一步阅读的建议

American Academy of Pediatrics Council on Communications and Media. (2016). Media and young minds. *Pediatrics*, *138*(5), e2016-2591.

Bergen, D. (2000). Technology in the classroom: Linking technology and teaching practice. *Childhood Education*, *76*(4), 252-253.

Burden, K., Kearney, M., & Hopkins, P. (2017). IPAC app

evaluation rubric. Retreived from www. mobilelearningtoolkit. com/ uploads/5/6/0/9/56096707/appevaluationinstrumentfinalrubric. pdf

DiCarlo, C. F. , Schepis, M. , & Flynn, L. (2009). Embedding sensory preferences in toys to enhance toy play in toddlers with disabilities. *Infants and Young Children*, 22(3),187–199.

Lee, L. (2015). Young children, play, and technology: Meaningful ways of using technology and digital media. In D. P. Fromberg & D. Bergen (Eds.), *Play from Birth to Twelve: Contexts, Perspectives, and Meanings* (3rd ed. , pp. 217–224).

New York, NY: Routledge. Melhuish, K. , & Falloon, G. (2010). Looking to the future: M-learning with the iPad. Computers in New Zealand Schools: Learning, Leading, *Technology*, 22(3).

Tu, X. , & Lee, L. (2019). Integrating digital media in early childhood education: A case study of using iPad in American Mid-Western preschools. *Journal of Studies in Chinese Early Childhood Education*. [Chinese], 54–59.

Walker, H. (2011). Evaluating the effectiveness of apps for mobile devices. *Journal of Special Education Technology*, 26(4),59–63.

第七章　与儿童大脑发育有关的当下和未来问题

我们在本书中提出了一系列促进儿童健康成长以及大脑发育的想法和教学策略。我们的目标是帮助老师、家长和其他看护人促进孩子的大脑发育。然而，我们也知道，有许多当下和未来的社会行为可能会对儿童的发展产生影响，这些不断变化的因素既可能会强化儿童大脑各方面的发育，又可能会对儿童大脑的发育产生负面影响。

在这最后一章中，我们讨论了一些可能影响儿童未来发展的问题。首先，我们简单总结了一下影响大脑健康发育的主要因素；接下来，我们讨论了一些当下的环境条件对儿童发育的潜在影响；然后，我们回顾了关于儿童生活中的这些变化如何改变未来大脑发育的一些预测。最后，我们为在不断变化的社会中继续促进儿童的大脑健康发育提供了一些建议。

一、影响大脑健康发育的新问题

迄今为止，在人类存在的每个时代，大脑健康发育的基本条件都是可以实现的。也就是说，尽管历史上世界各地的许多幼儿可能没有处于促进最佳大脑发育的环境中,但在儿童在户外活动、获得基本健康和营养机会方面没有重大差异,特别是人类玩耍和身体互动的时间以及他们所处的环境特征方面也没有重大差异。现在,尤其是未来,人类成长的时代似乎与过去有些不同,因为技术进步正在改变婴儿和父母互动的方式、幼儿的游戏体验以及在过去几个世纪中常见的自然环境中的时间机会。

因为"一切对大脑来说都是食物"(Olds,1998,p.124),所以随着人类经历类型的变化,人类大脑将会有所不同,也许会失去一些常用技能,并增加一些目前不存在的技能。最有可能的是,让非常年幼的儿童接触科技增强设备,这些电子设备已经开始取代孩子与父母或老师的人际互动,以及儿童失去对自然界的体验感,将对他们的大脑发育产生一些重大影响(Bergen,2018)。一个潜在的大脑发育变化的例子来自对笔迹的研究,它与大脑发育有关(James 和 Engelhardt,2012)。目前主流的键盘书写而不是手写的普遍使用可能会影响大脑中参与手写发展的部分的发育(见 Konnikova,2014)。让这些新体验成为儿童生活的补充,而不是任由它们导致传统的人类和自然界体验的丧失,这一点尤为重要。

情绪发展问题

一些研究开始表明,与前几代人相比,当代社会的幼儿往往有更多的负面情绪体验,经历过更多创伤事件(Cooper,Masi 和 Vick,2009)。

根据加德纳(Gardner,1983)的说法,除了一般认知和语言外,每个人的情绪稳定性对自己和他人的理解至关重要(Gabbay、Oatis、Silva 和 Hirsch,2004)。

特别是,毒性压力(toxic stress)会严重损害儿童的大脑功能。持续贫困、营养不良、遭受虐待、家庭暴力和父母精神问题等可能产生的毒性压力会影响儿童的学习成绩,甚至会影响他们成年后及其终生的身心健康(Odgers,2015)。重要的是要了解儿童在发展认知技能和情感能力以及理解自己和他人情感方面可能存在持久性的问题,即使负面环境已经消失(Tronick,2010;Tronick,1978)。因此,尽早处理幼儿的心理和情绪问题极其重要。当然,儿童可以克服不良的童年经历,有问题的发育可以得到改善。在某些情况下,经历不同程度毒性压力的儿童可以恢复正常发育。然而,儿童年龄越大,接受治疗和/或干预的时间通常就越长(Romero-Martínez、Figueiredo 和 Moya-Albiol,2014)。此外,通常情况下,想要减少影响儿童的压力源,需要先减轻他们家庭的压力。

学校缺乏社交互动

遗憾的是,孩子每天出现在教室里并不是培养积极社交技能的充分条件(Laushey 和 Heflin,2000)。这可能是因为当孩子们在教室里时,他们"花在学习社交技能上的时间很少(1%)"(La Paro、Rimm-Kauffman 和 Pianta,2006,p. 196)。幼儿园教室通常为儿童提供了在家庭环境之外学习与同伴和成人互动的第一次体验;因此,其应该为孩子提供一个安全的空间来练习新的社交情感技能,如语言使用、解决冲突和建立友谊(Russell, Lee, Spieker 和 Oxford, 2016)。尽管研究表明了教育和社会发展之间的关系在幼儿教育中的价值,但学校环境的社会影响仍往往被轻视或忽视,更学术的课程或时间表受到推崇(Katz, 2015)。人们常常错误地认为只要学术部分做到位,有效教育的社会组成部分就会自然而然地发生。

在一项关于幼儿园社会行为的研究中,研究人员测试了 36 名入学儿童的社会行为——这些儿童分别来自私立学校(n=5)和公立学校(n=8)——在幼儿园中常见的 5 种学习环境中的亲社会行为:全班、小组、自由游戏、午餐和休息(DiCarlo, Ota 和 Deris, 出版中)。具体来说,亲社会行为(被定义为人们表现出的对他人有帮助的行为)的测量周期为 3 年。这项研究表明,在 3 年中的上述 5 种学习环境中,亲社会行为几乎不存在。在这项研究开始之前,人们以为在教师不在场的环境中会发现更多的社交互动,例如中心时间、午餐或休息时间,这似乎是合乎逻辑的。然而,研究人员发现,教师经常监控着教室的噪音水平,这限制了社交互动,而且似乎过于专注于学业任务的进展导致了活动时间的缩短(如午餐时间),本来这些时间是有可能发生社会互动的。在课间休息时,研究人员观察到老师似乎采取了不干涉的策略,也没有鼓励社交游戏或任何社交互动。如果在学校老师没有时间促进孩子的社交,那社交活动又会在什么时候发生呢?

父母对科技的过度依赖

一些父母的行为也引起了那些想要为幼儿大脑发育提供最佳环境的人的关注。在当今世界,许多成年人使用手机和其他技术电子设备的频率如此之高,以至于他们不再拥有过去几年中成年人通常与孩子进行的"人与人"的真实互动。例如,有人观察到一些成年人和他们的孩子(甚至是非常小的孩子)一起在餐馆、医生候诊室、公园和其他场所时完全沉浸于这些设备。往往年幼的孩子也有这样的设备,父母和孩子之间的人际互动很少。

这种在社交场合中普遍使用手机的现象被定义为"当下缺席"(Katz 和 Aakhus,2002),它会降低亲子关系的质量(Kildare 和 Middlesmiss,2017;Radesky 等,2014)。当参与孩子的活动时,父母在场是很重要的,无论是身体上还是精神上。被手机分散注意力会导致父母和看护人对孩子的敏感度和反应降低,并导致很多问题,因为孩子会试图获得成年人的注意力(Kildare 和 Middlemiss,2017)。此外,父母过度使用手机会导致孩子长大后变得更消极、更缺乏韧性(Myruski 等,2017),觉得自己不重要(AVG Technologies,2015),社交情感发展受阻(UCINews,2016)以及表现出悲伤、愤怒和孤独感(Steiner-Adair 和 Barker,2013)。

关于父母使用科技的研究可以追溯到 15 年前,鉴于与幼儿互动时使用手机的不利影响,研究表明,父母和看护人在与孩子相处时应减少手机的使用,以促进健康的成人—儿童关系。

被动而非主动的音乐参与

从以往经验上看,儿童的音乐活动和体验是有积极意义的,这包括儿童参与观看和听到成人或其他儿童创作"现场"音乐,或者他们自己参与其中。这些活动包括唱歌、击鼓、鼓掌和跳舞。目前已知最早的乐器是"笛子",可以追溯到 40 000 多年前在鸟骨头上打孔制成的(BBC News,2012)。随着时间的推移,更多的乐器被开发出来,孩子们通过演奏简单的乐器、与成年人一起跳舞或与家人一起围着钢琴唱歌来体验创作音乐,并将其作为生活的一部分。

将音乐创作作为生活的一部分,可以让孩子们能够在自然舒适的环境中从"演奏"音乐中学习基本的节奏和音高。即使录制的音乐出现,许多儿童仍能积极参与其中。然而,随着视频、电脑、平板电脑、手机、视频游戏、电视和录音越来越多地出现,音乐体验变得更加被动。虽然技术工具在教授音乐或帮助学习方面可能是有益的,但总的来说,父母或老师现在必须更有意识地为孩子创造一个参与式的音乐创作的空间。因此,让父母和幼儿参与集体音乐活动的音乐体验非常重要(见 Guilmartin 和 Levinowitz,2003,2009)。

一项对来自 7 个不同国家(加拿大、意大利、秘鲁、泰国、土耳其、英国、美国)的幼儿家庭音乐体验的研究发现,在家庭环境中,数字化的声音几乎一直存在(Gillen,Cameron,Tapanya,Pinto,Hancock,Young 和 Gamannossi,2007)。这些声音有许多来源,包括带有数字歌曲的玩具、播放音乐的手机、铃声和其他发声设备,以及电视、DVD 和其他发声设备。虽然一些研究者(例如,Young, Street 和 Davies；2007)指出幼儿在参与这些音乐体验时会持续做出积极贡献,但他们也表示"新技术和媒体资源正在改变家庭音乐实践和参与的性质"(第 97 页)。我们倾向于认为把音乐"放在孩子面前"或者在流媒体平台上听音乐就是在"音乐化"；但是,当音乐体验的积极参与成分缺失时,许多在幼儿时期创造音乐大脑连接的机会就不会出现,这可能不利于孩子从音乐学习中获益。不过,唱歌是一种在我们体内使用且不受科技影响的"工具"。

儿童体育活动水平降低

虽然科技增强设备有一定的影响,但是目前学校强调严格的教学标准,以及各种成人组织的校外学习体验和成人指导的体育活动,导致今天的许多幼儿几乎没有时间进行自我设计的游戏和自发的学习活动。与过去几代儿童的童年经历形成对比的是,过去的成年人记住了许多小时候自己掌控的、长时间的积极玩耍的经历(见 Davis 和 Bergen, 2014),今天的儿童有许多限制,使他们无法长时间参与积极的、自我指导的户外玩耍,尤其是与其他儿童一起。事实上,只有成年人轻微监督的户外游戏对今天的孩子来说几乎是不存在的。在最近一份关于世界各地儿童体育活动程度的报告中,世界卫生组织指出,儿童"不活动"已成为"全球威胁"(见 Gallagher, 2019)。因为幼儿通过他们的身体互动和感官体验学到了很多东西,这种主动玩耍的丧失——尤其是由孩子选择的玩耍的丧失——肯定会对他们的大脑发育过程产生不良影响。

二、在这个不确定年代里的韧性

在这个充满不确定因素的年代,为了生存和繁荣,人类往往不得不应对世界大事,并要以创造性、持久性和大胆的方式使用大脑。因此,照顾和教育孩子的人的一个主要目标必须是帮助孩子们的大脑以获得这种人类适应能力的方式发展。韧性被定义为"尽管环境具有挑战性或威胁性,但仍然成功适应的过程、能力或结果"(Masten,Best 和 Garmezy,1990,p.426)。研究人员(Alvord 和 Grados,2005,p.238)指出,韧性是由"那些使个人能够适应艰辛、困难和挑战的技能、属性和能力"组成的。他们认为有韧性的人的一些品质是:

1. 主动导向(掌握主动权并有积极的自我效能感)
2. 自我调节(控制自己的注意力、情绪和行为)
3. 联系/依恋(与父母/看护人建立支持性关系)
4. 积极的教育经历(有效学习,丰富特长)
5. 社区支持(融入健康、安全、鼓励更广泛的环境)

这些品质是由成年人培养的,通过让幼儿参与积极、有趣、安全和富有挑战性的体验,能够促进他们的最佳大脑发育。以这样的方式与成年人互动的孩子在面对问题和不确定时最能茁壮成长。关于在这些时期帮助孩子的具体建议，请参阅迪卡洛（DiCarlo）和法吉欧-布鲁恩松（Fazio-Brunson）(2020)。

三、幼教专业人员在支持儿童大脑发育中的作用

鉴于这些影响幼儿大脑发育的趋势，幼教专业人员的作用变得尤为重要。他们必须了解如何在儿童早期为儿童提供对神经连接的最佳发展至关重要的经验，这些经验主要是通过参与积极的、身体参与的和创造性的体验获得的。我们希望这本书有助于他们为儿童大脑构建所做的创造性工作。

四、讨论问题

1. 无论是在当下还是在未来的环境中，幼教专业人员都应该塑造哪些最重要的行为来促进幼儿积极的大脑发育？
2. 在当今社会，幼教专业人员需要哪些类型的专业发展来支持幼儿的情绪、心理和精神健康？

3. 早期护理环境应如何促进幼儿在学校的社交互动和体育活动呢？当儿童不在学校时，我们如何倡导社交互动和体育活动的重要性？
4. 随着科技的进步以及被动的音乐学习和聆听方式的增加，老师和家长可以通过哪些方式与孩子一起进行音乐创作，并示范实际的音乐创作体验？

五、进一步阅读的建议

Bergen, D., Davis, D., & Abbitt, J. (2016). *Technology play and brain development: Infancy to adolescence and future implications.* New York, NY: Taylor & Francis.

Clark, S., & Lee, L. (2019). Technology enhanced classroom for low-income children's mathematical content learning: A case study. *International Journal of Information and Education Technology*, 9(1), 66-69.

DiCarlo, C. F. , & Banajee, M. (2000). Using voice output devices to increase initiations of young children with disabilities. *Journal of Early Intervention*, 23(3), 191-199.

参考文献

AAP Council on Communications and Media (2016). Media and young minds. *Pediatrics 138*(5), e2016 - 2591.

Adibi, J. J., Marques, E. T., Jr., Cartus, A., & Beigi, R. H. (2016). Teratogenic effects of the Zika virus and the role of the placenta. *The Lancet*, *387*(10027), 1587 - 1590.

Agrawal, A., Scherrer, J. F., Grant, J. D., Sartor, C. E., Pergadia, M. L., Duncan, A. E. Xian, H. (2010). The effects of maternal smoking during pregnancy on offspring out comes. *Preventive Medicine*, *50*(1 - 2), 13 - 18.

Alvord, M. K., & Grados, J. J. (2005). Enhancing resilience in children: A proactive approach. *Professional psychology: research and practice*, *36*(3), 238.

Ambady, N., & Bharucha, J. (2009). *Culture and the brain. Current Directions in Psychological Science*, *18*(6), 342 - 345.

American Academy of Pediatrics. (2018). Children and media tips from the American Academy of Pediatrics. Retrieved from https://www.aap.org/en-us/about-the-aap/aap-press-room/news-features-and-safety-tips/Pages/Children-and-Media-Tips.asp.

A VG Technologies (2015). Kids competing with mobile phones for parents' attention. Retrieved from https://now.avg.com/digital-diaries-kids-competing-with-mobile-phones for parents-attention.

Bauer, P. J., Lukowski, A. F., & Pathman, T. (2011). Neuropsychology of middle childhood development (6 to 11 years old). In A. S. Davis (Ed.), *Handbook of pediatric neuro psychology* (p. 37 - 46). New York, NY: Springer.

BBC News (2012, May 25). Earliest music instruments found. Retrieved from www.bbc.com/news/science-environment-18196349

Bellini, S., & Akullian, J. (2007). A meta-analysis of video modeling and video self-modeling interventions for children and adolescents with autism spectrum disorders. *Exceptional children*, 73 (3), 264 - 287.

Bergen, D. (2018). Perspective: Potential effects of young children's virtual experiences on their brain development and other areas of development. *Early Childhood Psychology and Psychiatry*, 7,205 - 207.

Bergen, D., Reid, R., & Torelli, L. (2009). *Educating and caring for very young children: The infant/toddler curriculum* (2nd ed.). New York, NY: Teachers College Press.

Bergen, D., & Woodin, M. (2017). *Brain research and childhood education: Implications for educators, parents, and society*. New

York, NY: Routledge.

Bielas, S., Higginbotham, H., Koizumi, H., Tanaka, T., & Gleeson, J. G. (2004). Cortical neuronal migration mutants suggest separate but intersecting pathways. *Annual Review of Cell and Developmental Biology*, 20, 593–618.

Brown, T. T., & Jernigan, T. L. (2012). Brain development during the preschool years. *Neuropsychology Review*, 22(4), 313–333.

Bruner, J. S. (1964). The course of cognitive growth. *American psychologist*, 19(1), 1.

Burden, K. J., & Kearney, M. (2017). Investigating and critiquing teacher educators' mobile learning practices. *Interactive Technology and Smart Education*.

Chua, A., Prat, I., Nuebling, C. M., Wood, D., & Moussy, F. (2017). Update on Zika 120 References diagnostic tests and WHO's related activities. *PLOS Neglected Tropical Diseases*, 11(2), doi.org/10.1371/journal.pntd.0005269.

Chugani, H. T. (1999). PET scanning studies of human brain development and plasticity. *Developmental Neuropsychology*, 16(3), 379–381.

Cooper, J. L., Masi, R., & Vick, J. (2009). *Social-emotional development in early childhood: What every policymaker should know*. New York, NY: National Center for Children in Poverty.

Corn, H. J. M., & Bishop, D. I. (2010). Intrauterine development of the central nervous system. In A. S. Davis (Ed.), *Handbook of pediatric neuropsychology* (pp. 1-14). New York. Springer.

Coudé, G., Festante, F., Cilia, A., Loiacono, V., Bimbi, M., Fogassi, L., & Ferrari, P. F. (2016). Mirror neurons of ventral premotor cortex are modulated by social cues provided by others' gaze. *Journal of Neuroscience*, 36(11), 3145-3156.

Davis, D., & Bergen, D. (2014). Relationships among play behaviors reported by college students and their responses to moral issues: A pilot study. *Journal of Research in Childhood Education*, 28, 484-498.

DiCarlo, C. F., & Banajee, M. (2000). Using voice output devices to increase initiations of young children with disabilities. *Journal of Early Intervention*, 23(3), 191-199. Retrieved from jei.sagepub.com/content/23/3/191.full.pdf+html.

DiCarlo, C. F., & Fazio-Brunson, M. (2020, September/October). Navigating quarantine with young children. *Exchange*, 40-42.

DiCarlo, C. F., Ota, C. & Deris, A. (in press). An ecobehavioral analysis of social behavior across learning contexts in kindergarten. *Early Childhood Education Journal*.

DiCarlo, C. F., Schepis, M. M., & Flynn, L. (2009). Embedding sensory preference into toys to enhance toy play in toddlers with disabilities. *Infants & Young Children*, 22(3), 188 – 200.

DiCarlo, C. F., Stricklin, S., Banajee, M., & Reid, D. (2001). Effects of manual signing on communicative vocalizations by toddlers with and without disabilities in inclusive classrooms. *The Journal of the Association for Persons with Severe Handicaps*, 26(2), 1 – 7.

Domènech Rodriguez, M. M., Donovick, M. R., & Crowley, S. L. (2009). Parenting styles in a cultural context: Observations of "protective parenting" in first generation Latinos. *Family Process*, 48(2), 195 – 210.

Edwards, C., Gandini, L., & Forman, G. (Eds.). (1998). The hundred languages of children: The Reggio Emilia approach [to early childhood education]-advanced reflections. Ablex. Eliot, L. (1999) *What's going on in there? How the brain and mind develop in the first five-years of life*. New York, NY: Bantam Books.

Gabbay, V., Oatis, M. D., Silva, R. R., & Hirsch, G. (2004). Epidemiological aspects of PTSD in children and adolescents. In R. R. Silva (Ed.), *Posttraumatic stress disorders in children and adolescents: Handbook* (pp. 1 – 17). New York, NY: Norton.

Gallagher, J. (2019, November 22). "Global epidemic" of childhood inactivity. In BBC News [Website]. Retrieved from www.bbc.com/news/health-50466061.

Gardner, H. (1983). *The theory of multiple intelligences*. New

York, NY: Heinemann.

Gillen, J., Cameron, C. A., Tapanya, S., Pinto, G., Hancock, R., Young, S., Gamannossi, B. A. (2007). A day in the life: Advancing a methodology for the cultural study of development and learning in early childhood. *Early Child Development and Care*, 177(2), 207-218.

Graven, S. N., & Browne, J. V. (2008). Auditory development in the fetus and infant. *Newborn and Infant Nursing Reviews*, 8(4), 187-193.

Guilmartin, K. K., & Levinowitz, L. M. (2003). *Music and your child: A guide for parents and caregivers*. Princeton, NJ: Music Together.

Guilmartin, K. K., & Levinowitz, L. M. (2009). *Music Together family favorites song-book for teachers*. Princeton, NJ: Music Together.

Hart, B., & Risley, T. R. (1974). Using preschool materials to modify the language of disadvantaged children. *Journal of Applied Behavior Analysis*, 7(2), 243-256. Retrieved from www.ncbi.nlm.nih.gov/pmc/articles/PMC1311963/pdf/jaba00060-0073.pdf.

Hart, B., & Risley, T. R. (1975). Incidental teaching of language in the preschool. *Journal of Applied Behavior Analysis*, 8(4), 411-420.

Hepper, P. G., & Shahidullah, B. S. (1994). The development of fetal hearing. *Fetal and Maternal Medicine Review*, 6(3), 167-179.

Hillman, M., & Marshall, J. (2009). Evaluation of digital media for emergent literacy. *Computers in the Schools*, 26(4), 256-270.

Honein, M. A., Paulozzi, L. J., & Watkins, M. L. (2001). Maternal smoking and birth defects: validity of birth certificate data for effect estimation. *Public Health Reports*, 116(4), 327.

James, K. H., & Engelhardt, L. (2012). The effects of handwriting experience on functional brain development in pre-literate children. *Trends in Neuroscience and Education*, 1(1), 32-42. https://doi.org/10.1016/j.tine.2012.08.001.

Katz, J. (2015). Implementing the Three Block Model of Universal Design for Learning: Effects on teachers' self-efficacy, stress, and job satisfaction in inclusive classrooms K-12. *International Journal of Inclusive Education*, 19(1), 1-20.

Katz, J. E., & Aakhus, M. (Eds.). (2002). *Perpetual contact: Mobile communication, private talk, public performance*. New York, NY: Cambridge University Press.

Kildare, C. A., & Middlemiss, W. (2017). Impact of parents mobile device use on parent-child interaction: A literature review. *Computers in Human Behavior*, 75, 579-593.

Konnikova, M. (2014, June 2). What's lost as handwriting fades. *The

New York Times, 2. Retrieved from www. nytimes. com/2014/06/03/science/whats-lost-as-handwriting-fades. html.

La Paro, K. M., Rimm-Kaufman, S. E., & Pianta, R. C. (2006). Kindergarten to 1st grade: Classroom characteristics and the stability and change of children's classroom experiences. *Journal of Research in Childhood Education*, 21(2), 189 – 202.

Laushey, K. M., & Heflin, L. J. (2000). Enhancing social skills of kindergarten children with autism through the training of multiple peers as tutors. *Journal of autism anddevelopmental disorders*, 30(3), 183 – 193.

Lee, L. (2019). When technology met real-life experiences: Science curriculum project with technology for low-income Latino preschoolers. In N. Kucirkova, J. Rowsell, & G. Falloon (Eds.). *The Routledge international handbook of learning with technology in early childhood* (pp. 338 – 348). New York, NY: Routledge.

Liu, D., Sabbagh, M. A., Gehring, W. J., & Wellman, H. M. (2009). Neural correlates of children's theory of mind development. *Child development*, 80(2), 318 – 326.

Maitre, N. L., Key, A. P., Chorna, O. D., Slaughters, J. C., Matusz, P. J., Wallace, M. T., & Murray, M. M. (2017). The dual nature of early-life experience on somatosensory processing in the human infant brain. *Current Biology*, 27(7), 1048 – 1054. doi:

10.1016/j.cub.2017.02.036.

Masten, A. S., Best, K. M., & Garmezy, N. (1990). Resilience and development: Contributions from the study of children who overcome adversity. *Development and Psychopathology*, *2*, 425–444.

Melhuish, K., & Falloon, G. (2010). Looking to the future: M-learning with the iPad. *Computers in New Zealand Schools: Learning, Leading, Technology*, *22*(3). Retrieved from https://www.researchgate.net/publication/261438525_Looking_to_the_Future_M Learning_with_the_iPad.

Mischel, W. (2015). *The marshmallow test: Why self-control is the engine of success*. New York, NY: Little, Brown.

Myruski, S., Bonanno, G. A., Gulyayeva, O., Egan, L. J., & Dennis-Tiwary, T. A. (2017). 122 Reference. Neurocognitive assessment of emotional context sensitivity. *Cognitive, Affective, & Behavioral Neuroscience*, *17*(5), 1058–1071.

National Association for the Education of Young Children (NAEYC) & Fred Rogers Center for Early Learning and Children's Media at Saint Vincent College (2012). *Technology and interactive media as tools in early childhood programs serving children from birth through age 8* [Position statement]. Washington, DC: NAEYC.

Neville, H., Andersson, A., Bagdade, O., Bell, T., Currin, J., Fanning, J.,. & Paulsen, D. (2008). Effects of music training on brain and cognitive development in under privileged 3- to 5-year-old children: Preliminary results. In M. Gazzaniga, C, Absury, & B. Rich (Eds.), *Learning, arts, and the brain: The Dana Consortium report on arts and cognition* (pp. 105 – 106). New York, NY: Dana Foundation.

Odgers, C. L. (2015). Income inequality and the developing child: Is it all relative? *American Psychologist*, 70(8), 722.

Ojala, M. (2000) Parent and teacher expectations for developing young children: A cross-cultural comparison between Ireland and Finland. *European Early Childhood Education Research Journal*, 8 (2), 39 – 61.

Olds, A. R. (1998). Places of beauty. In D. Bergen (Ed.). *Readings from play as a medium for learning and development* (pp. 123 – 127). Olney, MD: Association for Childhood Education International.

Perry, B. D. (1996). Incubated in terror: Neurodevelopmental factors in the "cycle of violence." In J. D. Osofsky (Ed.), *Children, youth, and violence: Searching for solutions* (pp. 124 – 148). New York, NY: Guilford Press.

Piaget, J. (1952). *The origins of intelligence.* New York, NY: Free Press. Piazza, E., Lasenfratz, L, Hasson, U., & Lew-Williams, C. (2020). Infant and adult brains are coupled to the dynamics of natural communication. *Psychological Science*, 31 (1) 6 - 17. doi: 10. 1177/0956797619878698.

Pugh, K. R. , Landi, N. , Preston, J. L. , Mencl, W. E. , Austin, A. C. , Sibley, D. , ... Frost, S. J. (2013). The relationship between phonological and auditory processing and brain organization in beginning readers. *Brain and Language*, 125 (2), 173 - 183. Retrieved from www. ncbi. nlm. nih. gov/pmc/articles/PMC3417084/.

Radesky, J. S. , Kistin, C. J. , Zuckerman, B. , Nitzberg, K. , Gross, J. , Kaplan-Sanoff, M. , & Silverstein, M. (2014). Patterns of mobile device use by caregivers and children during meals in fast food restaurants. *Pediatrics*, 133(4), e843 - e849.

Rideout, V. J. , & Hamel, E. (2006). *The media family: Electronic media in the lives of infants, toddlers, preschoolers and their parents*. Henry J. Kaiser Family Foundation.

Rizzolatti, G. , & Craighero, L. (2004). The mirror-neuron system. *Annual Review of Neuroscience*, 27, 169 - 192.

Robb, M. , Catalano, R. , Smith, T. , Polojac, S. , Figlar, M. , Minzenberg, B. , & Schomburg, R. (2013). *Checklist for identifying exemplary uses of technology and interactive media for early learning: The Pennsylvania digital media literacy project*. Latrobe, PA: Fred Rogers Center for Early Learning and Children's Media at Saint Vincent College.

Roberts, G. , Quach, J. , Mensah, F. , Gathercole, S. , Gold, L. , Anderson, P. , ... & Wake, M. (2015). Schooling duration rather than chronological age predicts working memory between 6 and 7 years: Memory Maestros study. *Journal of Developmental & Behavioral Pediatrics*, *36*(2), 68–74.

Romero-Martínez, A. , Figueiredo, B. , & Moya-Albiol, L. (2014). Childhood history of abuse and child abuse potential: The role of parent's gender and timing of childhood abuse. *Child abuse & neglect*, *38*(3), 510–516.

Russell, B. S. , Lee, J. O. , Spieker, S. , & Oxford, M. L. (2016). Parenting and preschool self-regulation as predictors of social emotional competence in 1st grade. *Journal of Research in Childhood Education*, *30*(2), 153–169.

Sangal, R. B. , & Sangal, J. M. (1996). Topography of auditory and visual P300 in normal children. *Clinical Electroencephalography*, *27*(1), 46–51.

Schore, A. N. (2001). Effects of a secure attachment relationship on right brain development, affect regulation, and infant mental health. *Infant Mental Health Journal*, *22*(1–2), 7–66.

Schulkind, L. M. (2015). Teaching Music to Gifted Children. *In Applied Practice for Educators of Gifted and Able Learners* (pp. 441–453). SensePublishers, Rotterdam.

Siegel, D. J. (2015). *The developing mind: How relationships and the brain interact to shape who we are.* New York, NY: Guilford Press.

Steiner-Adair, C., & Barker, T. H. (2013). *The big disconnect: Protecting childhood and family relationships in the digital age.* New York, NY: Harper Business.

Sun, H. (2017, April). Study on Orff's music teaching method. In 2017 International Conference on Innovations in Economic Management and Social Science (IEMSS 2017). https://doi.org/10.2991/iemss-17.2017.251.

Tomasello, M., & Carpenter, M. (2007). Shared intentionality. *Developmental science*, 10(1), 121–125.

Trainor, L. J., Marie, C., Gerry, D., Whiskin, E., & Unrau, A. (2012). Becoming musically enculturated: Effects of music classes for infants on brain and behavior. *Annals of the New York Academy of Sciences*, 1252(1), 129–138.

Tronick, E., Als, H., Adamson, L., Wise, S., & Brazelton, T. B. (1978). The infant's response to entrapment between contradictory messages in face-to-face interaction. *Journal of the American Academy of Child Psychiatry*, 17(1), 1–13.

Tronick, E. Z. (2010). Infants and mothers: Self- and mutual regulation and meaning making. In B. M. Lester & J. D. Sparrow

(Eds.), *Nurturing children and families: Building on the legacy of T. Berry Brazelton* (pp. 83 - 94). Malden, MA: Wiley-Blackwell

UCI News (January 6, 2015). Put the cellphone away! Fragmented baby care can affect brain development: UCI study shows maternal infant-rearing link to adolescent depression. Retreived from https://news.uci.edu/2016/01/05/put-the-cellphone-away-fragmented-baby-care-can-affect-brain-development/.

Varela, R. E., Vernberg, E. M., Sanchez-Sosa, J. J., Riveros, A., Mitchell, M., & Mashunkashey, J. (2004). Parenting style of Mexican, Mexican American, and Caucasian non-Hispanic families: Social context and cultural influences. *Journal of Family Psychology*, 18(4), 651 - 657.

Vygotsky, L. S. (1978). *Mind in society: The development of higher psychological processes* (M. Cole, V. John-Steiner, S. Scribner, & E. Souberman, Eds.). Cambridge, MA: Harvard University Press.

Walker, L. (2011). My teacher is an Android: Engaging learners through an Android application. *Changing Demands, Changing Directions. Proceedings ASCILITE Hobart*, 1270 - 1274.

Warschauer, M., Knobel, M., & Stone, L. (2004). Technology and equity in schooling: Deconstructing the digital divide. *Educational policy*, 18(4), 562 - 588.

Young, S., Street, A., & Davies, E. (2007). The Music One-to-One project: Developing approaches to music with parents and under-two-year-olds. *European Early Childhood Education Research Journal*, 15(2), 253–267.

关于作者

多丽丝·伯根(Doris Bergen)是俄亥俄州牛津市迈阿密大学教育心理学荣誉教授。在她的大学生涯开始之前，她教过学前班和二年级。在大学里，她教授有关儿童发展、幼儿课程、游戏和幽默发展以及大脑发展的课程。她的研究包括对游戏和幽默发展的研究、科技增强玩具对游戏的影响、成人对童年游戏的记忆以及天才儿童幽默的发展。她是迈阿密大学的杰出学者，出版了许多关于这些主题的书籍和文章。她还是美国幼儿教师教育者协会的前任主席。

莉娜·李(Lena Lee)是俄亥俄州牛津市迈阿密大学的教师教育教授。2011年，她获得了美国教育研究协会(AERA)早期儿童教育批判视角新兴学者奖，她还撰写了大量有关技术对儿童学习和发展的影响的书籍和期刊文章。她是一项为低收入学前儿童提供6年强化资助项目的首席调查员，该项目涉及接受早期儿童教育的大学生和当地幼儿园的孩子。

辛西娅·迪卡洛(Cynthia DiCarlo)是路易斯安那州立大学的教育学教授，也是幼儿教育实验室学前班的执行主任。她在从出生到幼儿园和早期干预方面都获得了认证，并在中心的公共和私人场所、社区儿童保育和家庭环境中与 5 岁以下的儿童一起工作。在路易斯安那州立大学，她获得了勒布朗路易斯安那州立大学校友会部门捐赠的教授职位。她发表了 50 多篇关于幼儿期的论文，她关于儿童在整体教学中注意力的研究获得了《儿童教育研究杂志》2012 年度研究论文的荣誉。

盖尔·伯内特(Gail Burnett)是盖尔音乐公司的老板。她因出色的学前课程而获得了教师选择奖，因给幼儿创作的音乐而获得了家长选择奖。除了教授帮助孩子们建立与音乐和其他早期学习的大脑连接的亲子班之外，她还开发了一个项目来教育早期儿童教师如何在课堂上有效地实施音乐活动。她为学校、活动、派对和儿童场所进行过多次互动表演。她曾多次在美国儿童早期会议上发表演讲，同时她也是一名职业大提琴手。